# 微交談

告別「聊天終結者」！
只要3步驟，一開口就能在5分鐘內贏得好感，
陌生人也能馬上變朋友！

戴愫——著

# Contents

第三篇

# 拓展人脈圈

# 推薦序

「當你開始學會和陌生人交談的時候，你就找到了和整個世界的連結方式……」

戴愫老師在「得到App」上的課程得到了很多學員的認可。這不是因為平臺推廣有力，而是因為課程口碑確實好。

凡是上過戴老師的線下課程的人，都滿載而歸，收穫巨大。在她的言談中，你能感受到兩種氣質：精練和精當。作為一個表達者，我深知這有多難。

這次戴老師的新作《微交談：告別「聊天終結者」！只要3步驟，一開口就能在5分鐘內贏得好感，陌生人也能馬上變朋友！》出版，我請教她，你為什麼認為我們需要重新學習交談？

她的回答是：「強大的網路世界已經形成一種盡量減少人面對面溝通的趨勢，和陌生人聊幾句的習慣瀕臨絕境，人們的交談力日漸減弱。在和整個網路世界的競爭中，人類勝出的方法就是走出虛擬空間，重新理解怎樣和真實的人做真實的交流，建立共情、信任和親密。」

在這本書裡，你會看到——交談之難。

表達本身不難，難就難在：一次有品質的交談，是在匹配雙方的價值，激發出集體智慧，所以要做好三方面的平衡。

第一，交談是在即興和計畫之間保持平衡。

每次交談就是一場新奇的探險，它無法被編輯和修改。你永遠不知道你們會探討一個多麼有趣的話題，又能找到多少驚喜。同時，為了在混亂中找到閃現的靈感，演繹出各種可能，交談也講究方法。如果能在即興和計畫之間保持平衡，交談就是一場值得的冒險。如果即興太多，計畫太少，容易流於淺薄的消磨式社交；如果計畫太多，即興太少，你會放不開，同時丟掉了交談的趣味。

第二，交談是在真自我和社會化自我之間保持平衡。

這是一個鼓勵個性的時代，人們展示自己時顯得滔滔不絕，聆聽他人時顯得耐性不足。同時，這也是一個獎勵連結的時代，個人價值在連結中得以彰顯。你看，表達個性時，你要忠於自我；建立連結時，你要愉悅他人。這是一對矛盾。有交談能力的人永遠在尋找這對矛盾之間的交集。也就是說，他的交談方式是對方喜歡的，並且他自己也覺得安逸自由。比如，週一早上和陌生同事聊聊「週末過得怎麼樣」，這並不意味著你在對他的私生活掘地三尺，而是展示對他人關切的姿態，或者向外擴散快樂的習慣。人的成長，就是真自我和社會化自我之間交集的不斷擴大。

第三，交談是在優閒和效率之間保持平衡。

我們發現越來越難擁有優閒了。時間工具、績效主義、結果導向，這些商業世界裡的元素在侵蝕著我們的日常生活，硬生生地把「體驗生活」，變成了「忙生活」。你仔細想一想，那些人性閃耀的時刻，那些人文關懷的時刻，其實都不是講效率的時刻。交談中的等待、傾聽、苦笑、沉默，將真實的自我慢慢展開，坦露給彼此，這就是交談的魅力。可我們的日程表確實越來越忙，怎麼辦？這本書給出了答案，微交談吧。將日程表放鬆一點，每天留一點點時間做微交談，不用長篇大論絮絮叨叨，從一句話開始。

會交談的人身上會散發磁性光芒，故事、人、資源都被他吸引了過來。當你開始學會和陌生人交談的時候，你就找到了和整個世界的連結方式，它可能發生在餐桌邊，可能在會議上，可能在走廊裡，可能在茶水間。

願你從這本書中得到收穫。

羅振宇

序言

# 創造更多有意義的連結

我曾是一個不善於聊天，甚至有些不屑於聊天的人。

去外地參加行業會議，我經常一下飛機就關進自己的旅館房間，在溫暖的被窩裡追劇；年會的茶歇期間，我要嘛假裝忙碌地收拾文件，要嘛起身去找洗手間，坐在馬桶上一直待到下一場開始；雞尾酒會上，我會躲開張牙舞爪的人群，借著飲料迅速吞下幾塊小點心後獨自離開。

在我看來，那些強顏歡笑，穿梭於觥籌交錯之中的精英人士，都在交換著輕飄飄的承諾，上演著一場華而不實的戲劇。

我想和人做真正的交談，而在那樣嘈雜的社交環境裡，一個人連自己內心的聲音都聽不見，又如何與人做真正的交談？

直到有一天，當我的名字被提起時，我發現同事們的反應是"Su? Who's Su?"（愫？誰是愫啊？）

直到有一天，去美國華盛頓出差的某集團執行長拉夫先生突然出現在我們的辦公室，旁邊兩位同事和他相聊甚歡，我卻只能尷尬地低頭猛敲鍵盤。

我發現出問題了，在與人建立連結的能力上，尤其是在與陌生人建立連結的能力上，我有缺失。我身上沒有那個可以自由啟動的開關，那個在「啪」的一聲響後，幫我進入社交模式的開關。

而在這個「VUCA」[1]時代，未來十年，甚至一百年都不會變的是人與人的連結能力——靈感的連結，資源的連結。偉大的事業，往往始於一個遠在天邊的想法，成就於聚集原本分散於各個管道的資源。

於是我開始好好研究，微交談（small talk）到底是怎麼一回事，微交談中到底發生了什麼。

《牛津英語詞典》如此解釋：small talk就是和不熟悉的人談些不重要的事。也就是說，不是和已經熟識的人聊天，也不是兩個朋友之間規劃週末如何度過，或兩名同事之間討論方案，而是帶著社交的心態，和陌生人聊上幾分鐘，說些沒有清晰目的、沒有明確意義但很有意思的話，讓他想與你結交。

既然說的都是沒有清晰目的也沒有明確意義的話，那麼微交談為何如此重要？

在一次短短的交談中，從表面上看，你傳遞出去的是訊息，實質上，你展示的是「我是什麼樣的人」。而真正拉近你和他的是惺惺相惜的性格特質。

假設你在排隊，突然想上洗手間了。這時候你想回過頭讓後面的某人幫你留住這個位置。哪種表達方式他更樂意幫你？

1. VUCA是易變性（volatility）、不確定性（uncertainty）、複雜性（complexity）、模糊性（ambiguity）首字母的縮寫。VUCA這個術語源於軍事用語，並在二十世紀九〇年代開始被普遍使用，隨後被用於從營利性公司到教育事業的各種組織戰略的前端思想中。

方式一：你直接說：「能不能幫我保留一下這個位置？」

方式二：你先回頭和他聊一句話：「感覺這隊伍越排越慢啊，我們都快熬了一個小時了。」然後再說，「我快速去上個洗手間，能幫忙留個位嗎？」

無疑第二種成功的機率更高，因為你用聊天的方式展示了你是一個自我邊界較寬的人，同時你把他拉到了自己人的行列裡，對「我們」的處境表達了同情。為了回報你，他幫你是順其自然的事情了。

Small talk is never small（微交談，學問卻不小）。就像英國詩人布萊克的詩句：「一沙一世界，一花一天堂。」比如，表面上我在和你談堵車，談霧霾天，實際上我可能剛剛經歷一段失敗的感情，或者在職業道路上有困惑；也可能我有一個長年未能和解的兄弟。我渴望跳過陰雨或晴天的話題，聊到心中的謎團。我和你談垃圾分類，可能背後是我對環境、對規則的理解和態度。我和你談度假，背後是我對於生活、家人的關係的看法。微交談的話題本身從來都不重要，重要的是怎樣交談。

我們和成年人談論死亡，可能談得很膚淺；我們和小孩子聊遊戲，卻可以聊得富有哲學性。

為什麼會有很多人和我一樣，不喜歡微交談呢？

這可能因為我們之前在微交談中從未觸碰到本質、核心、真實的內容。於是，我們誤認為微交談很尷尬，社交很虛偽。其實擅長微交談的人，哪怕只有幾分鐘，也有可能在兩人之間引導出本質、核心、真實的連結。所以，交談不尷尬，社交也不虛偽。其實，我們如果不懂交談，不善於社交，人生就會更尷尬。沒有人希望多次搞砸和目標人物的面談，或多次錯過你可能的豔遇機會。

很多人不喜歡做線下交談，而更傾向於網上交流，覺得這種交流更有控制感。在線上，每一個短訊都是編輯、潤色之後才被發出去的，每條朋友圈都在展現自己想要展現的一面，我們還能自己決定回覆短訊的時間。在虛擬世界中，我們掌握更多的主動權。而在線下交談時，人們會彼此詢問，還會即時地敏捷互動，這些行為電腦從來不會做。所以交談有風險。沒錯，交談有風險，但會帶來激動人心的機會。

哪些場景需要用到微交談這個技能呢？我來列舉幾個場景：

商務會議上，你光彩照人地端著酒杯，穿行在陌生的人群中，你該拉著誰聊？怎樣聊？

公司茶水間裡，遇上了公司執行長，他難得回國一趟，你有勇氣過去混個臉熟嗎？

公司年會上，面對來自世界各地的同事，你怎樣和他們談笑風生，拉近距離？

在客戶招待宴會上，你怎樣和客戶聊聊家常，增進感情，提高簽單的可能？

面試開始前的幾分鐘，面對已經入座的面試官，你怎樣利用微交談來緩和一下緊張的氣氛？

在朋友聚會上，你看上了一個很有眼緣的女孩（男孩），如何上前搭話，贏得對方的好感？或者，相親時，你怎樣和對方開口交談，緩解尷尬？

為什麼這些場景都需要用到微交談？你是否相信，重要資訊都是在非正式管道流通的，重要關係也是在非正式管道結成的。尤其是當你想在關鍵時刻彎道超車的時候，微交談能提供捷徑。我來舉幾個實例。

一個屢次戒菸都未成功的失業宅男，卻在做電子菸出口的生意中，僅用了短短三年時間，就實現了財務自由。他的人生逆襲源於一次和某位公務員朋友交談時獲得的資訊：歐美的高額菸草稅為電子菸商品的出口提供了市場機會。

一位正面臨求職壓力的大四畢業生在星巴克偶遇已經畢業的某位校友，並從他那裡獲知他們公司剛剛空出一個職位。這位畢業生在職位還未公布時就先人一步獲得了資訊，增加了自己的機會。

一個職業經理人在公司年會上和公司法國區的總裁相談甚歡，不久便被調派到他一直嚮往的城市巴黎工作。

一位高階主管在某次行業峰會上與對手公司的某位鬱鬱寡歡、不得志的經理攀談，那位經理無意間透露了一些關於他們公司新近研發的產品的資訊。這使得這位高階主管可以提早做準備，在接下來的市場競爭中占據優勢。

這些聽上去有些「超現實」的瞬間，在現實世界裡每天都會發生。這些暗藏成功的命運關鍵時刻，都源自他們和周圍人的主動攀談。與他人建立連接，才能獲得機會。開啟成功人生的神秘武器，就是微交談。這是成功背後的真相。

微交談開啟社交。當我們在社交時，我們到底是在幹什麼呢？真正的社交不是為了利用別人，而是幫助別人成功。我們有自己的專業知識和背景，有自己的人脈，還有自己看世界的視角；我們不僅要做自我推銷，還要幫助別人。一旦找到了自己的價值，我們的底氣就更足了。社交不是操縱索取，而是互助合作。我們和他人共享資訊，那麼蛋糕就會越做越大。

我們怎樣進行微交談？從第一句話開始。這是微交談的一個關鍵策略，它在提醒你，和人交談這件事其實並不難。

電梯口遇見鄰居，就說一句話：「昨天聽你們家好歡快熱鬧，是朋友聚會吧？」

出社區大門遇見保全，就說一句話：「我們社區後門的鎖已經修好了，效率好高啊！」

上車坐定後，和司機就說一句話：「週一早上交通這麼順利，難得啊！」

買咖啡時，和服務生就說一句話：「又上新品啦，每週都有驚喜。」公司茶水間裡遇見不熟悉的同事，也就說一句話：「你和我一樣，公司的早鳥哈。」

不要認為一句話太渺小，它能給你帶來遞增式進步。每天和陌生人說一句話，用這個習慣逐步拓寬你的舒適圈。你從舒適圈的邊緣不停地向外邁出一步，這一步很小，小到沒有失敗的可能；但這一步很關鍵，它能帶來前進的力量。從物理學的角度，物體一旦動起來，產生了慣性，一切運動都會隨之而來，好戲開始啦！正如美國的史蒂芬·蓋斯在提倡「微習慣」時說的：「微量開始，超額完成。」實話告訴你，我在嘗試每天一句話時，這一句話通常會不出所料地引出一次愉悅的交談。

在深入研究過「微交談」這個話題之後，我還發現，微交談不是來自個人天分，而是一項可以後天習得的技能；而且這項技能和你長得帥不帥、有沒有財富或地位都沒關係。你如果不信，就去網上看一段影片——《賈斯汀·杜魯道在二十國集團找不到任何人可以交談》。賈斯汀·杜魯道是加拿大長得最帥的總理，在二十國集團峰會的會場裡，卻尷尬侷促到找不到任何人交談。所以，你不會因為天生帥氣或變得有名望，就自然而然地懂得社交。

我進而發現，想要具備微交談技能的人，不需要顏值超群、滿腹經綸、滿舌生花，只需要練習一些交談的技巧。因為人人都會說話，所以學習聊天，並不像「讓魚兒學會飛，馬兒學會游」那麼難。我已經用書中的這套方法，幫助了上萬名精英人士迅速走向世界。我每年服務將近兩百家企業客戶，其中既有外企，比如蘋果、歐萊雅，又有眾多正在加速國際化的本土企業，比如阿里巴巴、奇瑞、OPPO（廣東歐珀移動通信有限公司）、廣核集團等。很多學員使用了這套方法，走出了自己的舒適圈，從不敢在商務餐會上與人攀談的害羞的人，變成了落落大方、侃侃而談的社交達人。

其實，沉默和開口、矜持和放鬆之間的距離，比我們想像中的要短得多。你只需要鼓起勇氣，一步就可以跨過去。我們的日常狀態，從日常工作生活中薰陶出來的氣質，以及做出的各種決定，都會主宰我們的命運——它不是出身，也不是運氣。

這本書將會讓你知道，不善微交談的煩惱是可以消除的。讓它陪伴你，以每一天為單位，從第一句話開始，用這項技能與更多人創造更有意義的連結。

第一篇

# 開口和陌生人說話

# 1 面對陌生人，你為什麼不敢說話？

只有硬技能的專業人士，未來不需要，未來有人工智慧。硬技能強而社交技能差的專業人士，未來短期需要，但長期未必有價值。硬技能和社交能力都很強的專業人士，未來不可或缺。

——克里斯．吉爾博《魔力創業》作者

時代變化的速度越來越快，過去能讓我們成功的技能，如今可能會失效。我們需要打造適應未來變化的能力，從現在開始，持續進步。只有這樣，在新機會和新挑戰面前，我們才有足夠的延展性和靈活度。時代變了，你的技能更新了嗎？

## 東方的椰子與西方的桃子

我們正處在由熟人社會向陌生人社會快速轉型的過程中。你能否在短時間內與大量陌生人建立資訊關係？這種資訊關係和熟人社會裡的人情關係是相對應的。資訊關係的意思是，我們分享和交換資訊，但還沒有達到深交的程度。這種資訊關係變得越來越重要，甚至從某種程度上來講，資訊關係比人情關係更重要。因為在人情關係中有很多和你很相似的人，而資訊關係能讓你認識大量與你不同的人，即不同「質」的人。他們所提供的人脈、資訊、建議，有可能會讓你的命運發生大逆轉。你有沒有注意到，善於利用微交談的人在職場和情場上更容易成功，因為他們擅長聊出自己的價值，聊出自己的優秀。

我在多年的跨文化培訓中，發現很多中國學員在與陌生人進行微交談時，存在溝通技能的短處。

為什麼中國人會有這個短處？其實不僅中國人，還有很多深受東方文化薰陶的外國人也有類似的短處。東方文化是椰子文化。你可以想像一下椰子的構造，椰子殼裡面的空間又大又軟，但它的外殼很硬。中國人的文化性格和這個椰子很像。我們擅長熟人社會的社交規則和技巧，精通如何與朋友培育和加深情感，卻不擅長與陌生人打交道，缺乏對陌生人表達友善和愛的能力。

西方文化是反過來的，是桃子文化，桃子外皮薄而軟，核卻小而硬，桃子型的人更擅長和陌生人打交道，擅長用第一句話、第一印象立刻博得他人的喜歡。西方教育，尤其是精英教育，更早地讓孩子成為社會人，更注重軟技能的培養。所謂軟技能，其實就是一切和人建立連結的技能。它要求你具備協同資源的能力，成就單靠個人技能成就不了的、更大的事業。收費高昂的貴族學校，重點不是教授職業技能，而是花大量精力組織聯誼派對、沙龍、主題晚宴，學生們穿著正式，談吐得體。精英教育對學生的承諾，是讓他們一生自信而愉悅。與陌生人的微交談，是西方人從小就被訓練的技能。然而，small talk這個詞該如何翻譯成中文，我琢磨了好半天——搭訕？聊天？談話？似乎都不太合適。語言的邊界就是文化的邊界。某種語言中缺失的詞，暗示著這種文化裡缺失的板塊。

而在我自己的成長道路上，從來沒有人告訴過我，和別人聊天時應該聊什麼，應該怎樣聊。我只記得在大人們聊天時，如果我插話，父母就會用眼神制止我。在學校裡，保持安靜是最大的美德。我們傳統的學校教育體系中沒有教人如何進行微交談的課程，各類商學院也不教微交談；而且，專門教人微交談的書也很少。然而，你如果去美國亞馬遜網站搜索small talk這個關鍵詞，就會發現成千上萬種書在研究和討論這項社交技能。

西方人的日常生活中還有很多學習實踐微交談的機會。法國人請客，晚上八、九點鐘才吃晚飯，晚上六點到八點，是大家在客廳裡聚會喝開胃酒的時間，也就是西方人所說的apéro（法語，譯為開胃酒）時間。此時，大家邊喝酒，邊進行微交談。我在美國生活時，發現美國人週末特別愛在家裡開派對，他們請來各色人物，讓他們互相結識。這不是應酬，而是週末放鬆的方式，這些習慣都是對十七世紀西方沙龍文化的傳承。沙龍，已經成了西方的一個文化符號，散發著理性和自由的人文魅力。它是娛樂中心、禮儀學校，還是新思想的溫床。

中國其實也有類似的「沙龍文化」，古人稱其為雅集。可是，與其說雅集是沙龍，不如說它是飲酒賦詩的遊戲。人們對雅集的描述經常是：某某拿起酒盞一飲而盡，當場賦詩一首，眾人皆擊掌叫好。東晉永和九年（公元三五三年）舉辦的蘭亭雅集，在中國歷史上非常著名，眾人飲酒賦詩，匯詩成集，即《蘭亭集》。但這樣的社交更像才藝表演，人與人的互動非常少。

直到二十世紀三〇年代，清末來華的洋人，以及以林徽因為代表的留洋人士，將西式沙龍文化帶到北平（北京舊稱），於是有了「太太客廳」，文人雅客聚在一起，交流學術、繪畫、政治話題，也會閒聊一些生活趣事。然而，後來的歷史發展將沙龍這種「非組織生活」視為洪水猛獸，民間沙龍幾乎絕跡。

中國的沙龍發展到現在是什麼樣的呢？我參加過中國各個城市舉辦的各種沙龍，我覺得它們更像一對多的講座，最多在講座末尾設置一個問答環節，這同樣缺乏人與人的互動。

我們再來觀察一下東西方聚會的形式。西方的家庭聚會，朋友們陸續到場，三五成群，或坐在沙發上，或靠著吧檯，或倚著壁爐，或坐在院子裡，大家是分散開的，分別進行微交談。西方的商務社交，採用的是雞尾酒會的方式，其主旨是在最短的時間裡和最多的陌生人進行交談。所以，人們三五成群，聊十分鐘，然後迅速散開，再組成新的小群體，再聊十分鐘，再迅速散開。西方人即使需要用大桌子，也是用長方形的，不用圓形的。中國人喜用圓桌，其中一兩個人唱主角，其他人都是陪襯，全桌人個體和個體之間並沒有實質的互動。在西方式的大長桌上，一兩個人如何唱得了主角？聊天的單位一般是兩人，最多三人。大家都是在和鄰座低聲交談，而且，主人安排座位的時候，你旁邊一定有一個你不認識的、與你性別不同的人。安排陌生人坐在一起，是希望客人們能認識更多朋友；一男一女搭配著坐，是希望女士能得到旁邊男士的照顧。所以，這樣的安排非常有助於你鍛鍊微交談的技能。

中國人一直缺乏鍛鍊微交談的機會，讓孩子從小社會化，也從未成為過我們教育體系的重心。於是，我們不擅長自由、隨意地聊天，也就不足為奇了。在我們的電視訪談節目的主持人中，能打趣、會開玩笑、會製造輕鬆聊天氛圍的人，屈指可數。

沒有微交談，就很難開啟真正的溝通，也就沒有你和這個世界更有效的連結。你留給對方的第一印象，決定了他們是否想留在你身邊，是否願意向你透露一些寶貴的資訊。有機會，你可以問一問商業大老們，你會發現，他們大多數的合作都是在飯局或高爾夫球場上敲定的；你也可以問一問科技天才們，你還會發現，取得跨界突破的那些靈感，大多是在微交談中獲得的；你還可以問一問作家們，當他們才思枯竭時，找人微交談會讓他們的創作源泉重新湧現。無怪乎編劇教父羅伯特．麥基建議年輕編劇「畢業頭十年應該去開計程車」。

自從開始研究微交談這項技能，我一直在利用碎片化時間和陌生人操練這項技能，尤其是警衛、前臺、清潔工、助理。我之前走路帶風，但現在我常常會慢下來和他們閒聊。他們就是跨生態圈的資訊中樞，我經常驚訝於從他們那裡獲得的資訊。

毫不誇張地說，人生的每次巨大轉變，可能都源自和他人的交談。在交談中，我們會看到自己思維的局限，獲得重新校準人生的勇氣，更重要的是，在和陌生人的連結中，我們為自己創造了新機會，獲得了新的支持。

## 走出孤獨

現代生活越來越便捷，有了虛擬辦公、網上購物、線上娛樂等，我們完全不需要和人交往也能獨立生活。很多不喜歡社交的人認為，獨處更有助於和內心的自我對話。的確，獨處有價值，人的一生中，很多意義深遠的交談都是和自己的對話。我們需要刻意地規劃一些獨處的時間，因為「人類最深刻、最基本的精神體驗，都是發生在內部的，是需要借助孤獨與獨處的」（摘自英國心理學家安東尼．斯托爾《孤獨：回歸自我》）。在咖啡館裡看到那些埋頭讀書或工作的人，你就會知道人們其實是非常享受獨處時光的。

獨處和社交並不矛盾，而且，想要打造社交能力，必須先有獨處的能力，原因有三個。

第一，獨處時，人們發現自我，凝神聚焦自我，你知道自己是誰，想成為什麼人，這是和他人社交的必要準備。

第二，獨處中產生的觀點，能讓我們在交談中更自信、更真實，每句話都擲地有聲，獨處能豐富交談的素材。

第三，獨處中產生的身分感，和自我安全感是連結在一起的。安全感會增強我們的同理心，使我們更善於傾聽他人的訴求。這樣的交談進行完之後，又為獨處自省提供了豐富的素材，這是一個良性循環。這是發展心理學的觀點。

注意，我說的獨處，是真正的獨處，是那種獨自一人思緒紛湧的時刻。神經科學發現，我們只有在靜靜地思考人、事、物的時候，才會運用大腦最基礎的那部分，而這個區域一直被用來打造可靠的記憶，這就是「默認模式網路」。沒有獨處，我們無法構建可靠的自我意識。那麼請問，一個人上網是獨處嗎？不是。上網時，我們的思維沒有漫遊，而是被分割。一個人在朋友圈裡逛是獨處嗎？不是。我們的思緒沒有漫遊，而是被刺激，被禁錮。所以，一個人寫讀書筆記是獨處，在知乎裡看別人的書評不是獨處；一個人寫日記是獨處，發朋友圈不是獨處。可怕的是，很多人把收集別人的書評代替了自己寫讀書筆記，把發朋友圈代替了寫日記。

此外，我還很贊同著名心理諮詢師武志紅對獨處的理解。獨處的價值在於，在獨處之前，個人與外部世界已經發生了頻繁的碰撞，已經有了豐富的處世故事，之後再閉關思索。比如莊子、陶淵明、蘇東坡等，他們都是在人生閱歷中經歷了驚心動魄，後半生選擇於隱居中體味詩歌之趣；並且，他們最終還是渴望把自己的詩歌講給別人聽，被他人傳唱。可是，一個人如果始終獨處，就很容易發展出「全能自戀型人格」，也就是認為天地間我最大。

甚至，如果在獨處的時候，自己的內心感受到了寂寞，那麼這樣就更危險了。也就是說，獨處（alone）沒問題，孤獨或寂寞（lonely）就有問題了。用楊百翰大學心理學專家朱麗安．霍爾特—倫斯塔德和蒂莫西．B．史密斯的話來講：「孤獨感，指的是主觀上感覺到孤獨，一個人希望與社會的連結程度與實際的連結程度有偏差。」

我們通常認為孤獨感在老年人群中居多。霍爾特—倫斯塔德博士從涉及三百四十萬人的七十項研究中發現，產生孤獨感的高危險群是青少年和年輕人，然後才是老年人。

這是因為年輕人不願意走出去和人交往嗎？不是的，是年輕人低估了與人交往的作用，並過早地將自我身分固化。老年人卻比年輕人活得更輕鬆，更有「走出孤島」的意識。

我曾經走訪過很多中國的老年大學。老人們為什麼寧願坐一個小時的公車，也要去參加烹飪班、瑜伽班、詩歌班呢？是因為老師水平高、同學素質高、想讓自己多才多藝嗎？都不是。我聽到一個有代表性的答案：「在老年大學，我感覺自己是一個全新的人。」換句話說，他認識了一個完全不一樣的自己。

用美國哲學家和心理學家威廉．詹姆斯的話說：「有多少人認識某個人，這個人就有多少個社會自我。」這句話大概會讓今天的很多人驚訝，所以，這句話在今天更有重大意義。

威廉．詹姆斯是十九世紀中葉出生的學者，他大概沒有料到，當今社會不停地鼓勵每個人找到「核心自我」、「真實自我」，這樣才能抓住夢想不放手。於是，有的人找到的自我是「我喜歡獨來獨往」，有的人找到的自我是「我從不願意委曲求全」，有的人找到的自我是「我從不在乎別人的看法」。

當你找到那個所謂的「自我」以後，你自然會忠於「自我」，一次又一次地固化自己的行為模式，這個「自我」變得越來越一致、越來越單一，最後反而自我設限了。

然而，真的存在這個核心自我嗎？哈佛教授邁克爾．普鳴提醒我們記住儒家經典《性自命出》中的教誨，他說：「我們應該將自己看作由各種具有差異性的矛盾的情緒、性格、欲望、特質構成的複雜個體，而非借助自省試圖發現一個單一且一致的自我。當我們這樣做時，我們就具有可塑性了。」

概括來說，自省和社交是互相促進的；如果只靠自省，會單一化自我；我們應該用社交消除孤獨感，提高自我可塑性，讓人生因此而豐盈。

## 從虛擬現實重返真實世界

美國社會心理學家費斯汀格曾經說，所有人都想知道自己所處的位置，這是人類的基本傾向。我們無法在與人隔絕的情況下完成自我評估，必須有參照系。我們在與他人的參照中，感知自己的位置。這種參照，既有物質參照——住房大小、存款多少、車子是否豪華，又有精神參照——教育程度的高低、認知形態的新舊。

你意識到了嗎？這種參照，不再是拿身邊的熟人做參照。當今，競爭無國界。我們在和不同膚色、不同語言、不同階層、不同價值觀的人發生著交集。

這種參照，也變得讓人越來越難以捉摸。如果僅僅從網路空間尋找參照資訊，你就會看到一個虛擬的、充斥著假象的社會，你就會看到一幕幕自導自演的舞臺劇。為了真實地認知這個世界和獲知自己的位置，我們需要從線上走到線下，拿真實的人做真實的參照。

有了更寬廣且更真實的參照系，我們便能更清楚地感知自己的位置，而基於這個位置來擴大自我舒適圈就有了可能。

如果你過週末的方式是刷朋友圈、追劇，過年你回父母家，還是刷朋友圈、追劇，你到外地出差，還是刷朋友圈、追劇，甚至你外出度假的方式也是刷朋友圈、追劇，那麼你的世界就被局限在了範圍很小的朋友圈和虛擬的電視劇裡。這樣的參照系不僅狹隘，還不接地氣，也無法幫助你準確地感知自己，更無法幫助你確立並擴大自己的舒適圈。

成長的過程，就是不斷地擴大舒適圈的過程。越是攀登到社會上層的人，他們的舒適圈就越大，也越擅長和多元化的人群合作。他們不僅有意識地在擴大自己的人生參照系，也在努力擴大下一代的人生參照系；他們不僅自己在學習和鍛鍊與他人建立關係的能力，還花重金讓下一代盡早社會化。擴大自我舒適圈，會交朋友，並且與同自己迥異的人交朋友，比會讀書更重要。

## 從大數據中奪回自由

大數據在剝奪人類的自由。

在大數據時代，我們越來越少遇到和自己不一樣的觀點：如果事實證明我喜歡某種東西，那麼我會看到更多類似的東西。我可能會喜歡並分享它們，而這又讓我看到更多同類的東西。在這個循環下，我們的視野變得越來越窄。

視野變窄帶來的後果是心胸狹窄。德國政治理論家漢娜．鄂蘭在《極權主義的起源》中指出，大腦不應該只是自己和自己對話，當面臨道德困境的時候，我們腦子裡至少要出現兩種不一樣的聲音，在爭論中，大腦完成多角度思考的過程，從而更客觀地形成自己的觀點。

記得我剛到上海居住時，冬日的霧霾、超級大城市的規模、不對胃口的上海菜，讓我對這個「東方巴黎」很失望，我天天和我的先生吐槽。後來，我和樓上樓下的上海鄰居交往多了起來，他們帶著我用另一種思路解讀上海。我發現，作為一個女人，我其實很適合生活在這個城市，因為這裡有全國最真實的男女平等和契約精神。我再回過頭來看霧霾問題——政府的回應速度也挺快的；上海的超大的城市規模——國際化都市不都這樣嗎；濃油赤醬的本幫菜——細品之下，獨有風味。

幸虧我當時積極地與當地人交往，避免了我的極端認知繼續發展下去。根據漢娜．鄂蘭的理論，恐怖組織，就是具有極端意識的組織，其邏輯是徹底的是與非，絕對沒有中間地帶，於是有了希特勒，有了海珊。人類的孤立和孤獨是產生極權統治的先決條件。作為一名跨文化研究者，我深刻地意識到，文化的多元化對於一個民族來講是多麼重要。

我們需要從大數據中奪回自由，告別網路，主動走出資訊繭房（Information Cocoons），去傾聽同一個問題引發的不同聲音，尤其是截然相反的那兩種聲音。只有這樣，我們才能更冷靜、更客觀。

社交能幫助我們獲得更加多元化的認知，幫助我們奪回認知上的自由。

大多數成功人士都是才華橫溢、不斷進取的人，然而，並不是所有才華橫溢、不斷進取的人都會獲得成功。這聽上去讓人難過，但它是事實。於是，我們不得不承認，在一系列的人生必備技能中，某些技能的價值要遠遠超過其他技能。這一點在未來社會尤其突出。

第二篇

# 結識陌生人

# 2 溝通其實很簡單：情感、邏輯與信譽

通過亞里斯多德的修辭觀，
我們立刻瞭解到現代交際的問題所在：
現代交際所有的焦點都集中在怎樣行文上，
卻沒有考慮說話者的人格魅力或者情感魅力。

——西蒙・蘭卡斯特　世界知名演講撰稿人

如今，在市場上最受歡迎的企業培訓課程中，百分之九十以上是溝通類課程。溝通這項技能確實很複雜，涉及心理、博弈、修辭、社交等不同領域。

你不用擔心，凡是複雜的事物，都有方法將其化繁為簡。溝通技能可以化繁為簡嗎？溝通技能有終極指南嗎？有的。幾千年前，亞里斯多德已經總結了溝通三要素：情感（pathos）、邏輯（logos）、信譽（ethos）。後人在研究溝通的過程中，從未脫離這三要素。

情感，就是創造溫暖的磁場：「你喜歡我嗎？」

邏輯，就是展現清晰的思考能力：「你是一個聰明人嗎？」

信譽，就是綻放人格魅力：「你值得我信任嗎？」這本來是一個長時間維度的概

念，所以在一次短短的對話中，如何展示信譽是一個特別的挑戰。

說得更簡單些，就是柔語氣、強邏輯、好信譽。亞里斯多德之後所有研究溝通的人，從未脫離這三要素。不信的話，你可以用這三個要素驗證一下溝通專家列出的那些溝通公式。

在《關鍵對話》這門課程裡，當人們意見不一、情緒激烈，而且事關重大時，人們如何進行對話呢？這門課介紹了STATE法。

分享（Share）：分享你觀察到的事實——只講事實，不講故事。

說（Tell）：說出你對事實的解讀——可以真實地陳述自己的情緒，但不做情緒化的表達。

問（Ask）：詢問他人的行為路徑——為他的暢所欲言提供安全感。

討論（Talk）：用試探性的方式談話——不是辯論。

鼓勵（Encourage）：鼓勵他人嘗試分享——用和「自我表達」同樣程度的熱切情感，鼓勵他人做表達。

為了實現用說服人而非傷害人的方式進行對話，我們要學會小心翼翼地在由這三要素構成的平衡木上行走：情感（我不想傷害你）→邏輯（我分得清「推論」和「事實」）→信譽（我在溝通的始末都展現出一貫的人格：積極開放）。

西蒙．蘭卡斯特在其著作《感召力》裡，講述了自己在為著名政治家、企業執行長撰寫演講稿的過程中的發現：要調動和控制大眾，我們需要下工夫的不是對方的耳朵，而是對方的大腦。

本能腦：「我能將危險最小化，我能讓你獲得最大化的回報。」本能腦位於大腦的最裡層，在我們毫無意識的情況下，它的工作速度是邏輯腦的八萬倍。

情感腦：「我和你共情。」情感腦的運行速度是邏輯腦的二十倍。

邏輯腦：「我的話聽上去是正確的。」邏輯腦又叫理性腦，占據了大腦容量的百分之八十五。

西蒙．蘭卡斯特提供了具體的方法，比如隱喻、重複相同語句、停頓、找到情感目標、用超短句或超長句產生不同的呼吸效果等等，這些方法可以讓我們依次贏得這三個大腦。他強調：「贏得整個大腦，而不只贏得其中的一部分，是具有領導力語言的領導者的優勢。」

馬歇爾．盧森堡博士在《非暴力溝通》中介紹了非暴力溝通的四大要素。如果你在溝通中願意停下腳步，做一下自我反省，這四個要素就會在你身上發生奇蹟。

觀察：不評論，不臆測；觀察要有依據，有事實。

感受：不與觀點混淆，不是「我覺得」「我認為」，而是「我害怕」「我焦慮」。

需要：這是感受的來源。我的哪方面的需求未被滿足，從而導致我有了這樣的感受？不批評，不指責，而是精準地找到自己的那個需求。

請求：提出具體的、正面的請求，而不是抽象的、負面的請求。

在這段自我對話中，「觀察」和「需要」用的是客觀的邏輯推理；「感受」啟動的是主觀的情感；以具體、正面的「請求」來結尾，展現的是信譽——我們彼此信任，彼此給予，我相信我們的關係能相處得越來越好。

綜上所述，溝通這門玄妙的技能可以化繁為簡。亞里斯多德提出的這三個要素也是本書的主脈絡。接下來，我會分章節告訴你：如何在聊天中與對方產生情感共鳴——協同情感，營造安全網；如何利用「三」的邏輯——協同邏輯，展開實質性談話；如何建立信任與協作——協同信譽，交換彼此的價值。

## 與他人同頻共振

話，本來就是說給別人聽的。你越會說話，別人就越快樂；別人越快樂，就越喜歡你；別人越喜歡你，你得到的幫助就越多，你就會越快樂。

說話，就是這麼一件「你快樂，所以我快樂」的事啊！

> 所有社會關係的建立，都始於一場對話。
>
> ——蔡康永

事實上，你可以讓任何人喜歡上你。任何人？對！

社會科學已經證明，你完全可以通過某些方法，誘導別人做出你想要的行為。如果沒有這樣的方法，所有的心理學家、行為學家、談判家、培訓師等，都會尷尬地失業。專家們已經探索出方法，通過語言的和非語言的技巧，來激發人們不同的情緒反應，並改變人們的行為。

那麼，怎樣才是會微交談呢？我們有什麼公式可以遵循呢？我給你舉一個例子。

> 在茶水間裡，你看到那位難得回國的執行長，他的手裡拿著一個 iPhone 去接咖啡。他就站在你們那張團隊照片的旁邊，看上去精神很好。

在這個場景中，你可以採用很多種方式開場，比如：「王總氣色真好，一點也看不出您在調時差。您是哪天回國的？」

除了這個開場，你的開場切入點還可以是 iPhone，或咖啡，或那張照片的故事。在聊天過程中，為了能給對方留下印象，你可以展示你的價值。比如，做個有趣的自我介紹，說出你對自己職位的獨到理解；你知道在哪裡可以買到出廠價的三星手機；你知道用這個咖啡機泡出好咖啡的訣竅；你們團隊有哪些有意思的新聞或小秘密。

你們在茶水間裡這短短幾分鐘的邂逅，如果你利用得好，他一定會記住你，並且喜歡你。在社交場合中，你和他都在觀察彼此。觀察什麼？你們同頻嗎？你們有可能共振嗎？

同頻共振能帶來莫大的幸福感。

我的很多外國友人都羨慕地說，每天在公園裡參加合唱或廣場舞的中國大媽們，是人群中幸福指數最高的。為什麼？在同節奏的歌聲和舞步中，她們暫時拋開生活的不易；她們通過彼此牽手，傳遞著溫暖，傳遞著和諧。

與伴侶、孩子一起外出遊玩的時光，總是記憶中最幸福的片段。為什麼？因為我們的情緒和體驗是同頻的，在出發前我們共同期待，在困難面前我們一起緊張，在美景面前我們同時放飛自我。

為什麼催眠能神奇地在人們無意識的情況下達到治癒效果？催眠的基礎狀態就是同頻呼吸。所謂「同呼吸，共命運」，這在催眠界是一句真言。在同頻呼吸中，人們打開自己的世界，催眠師走入他們的內心，在陪伴、交流和深層連接中解決他們的困擾。

在微交談中，如何給自己和他人帶來幸福感？基本方法就是同頻共振，其原理就是同樣頻率的東西會產生共振。微交談中的同頻共振有兩大要素：相似和互動。

相似指的是你在我身上看到了你自己，我在你身上也看到了我自己。社交的打開方式永遠是從兩人的相似點（比如，興趣相投、觀點一致、脾性相近等）開始的。如果對方是年輕人，那麼你需要採用活力四射的說話方式；如果對方年紀較大，那麼這種活力四射的方式就不適合了。關於如何找到相似，如何創造相似，我們會在「原來你也這樣」一節裡具體講述。

在日常溝通中，你也會發現同頻者很多，共振者卻很少。這是因為交談中缺失了第二大要素——互動。

簡單來說，互動就是指我對你傾訴，你也對我傾訴。不是我單向傳遞訊息給你，而是通過交談為你創造一次愉悅的社交體驗。我們在交流中達成資訊對稱，產生情感共鳴。

不要小看互動，一切美好都是在與他人的互動中實現的。與陌生人聊天的美，也是在互動中實現的。我們本來互不相識，卻在這次因緣際遇中，在幾分鐘內，完成了一次相互瞭解和相互欣賞。我和他的互動是獨一無二的，在互動中，我們創造的同頻也是獨一無二的。之後，我們各自離去。也許這次交流讓我們一見如故，成為知己；也許這次相遇只有擦肩而過的燦爛，我們還是陌路人。哪怕我們沒有緣分重逢，你的故事也已經在我的生命裡變成了一串動人的音符，而你永遠不會知道。這就是生命的意象，也是美的意象。

在中國，有一位比亞里斯多德早出生大約兩百年的思想家、哲學家，老子。他主張「道」是產生萬物的根本。怎樣才能達到「道」的狀態？只有在我們沒有把自己和世界看作分離和獨立的個體的時候。[2]

老子最反對簡單的二分法和對立的視角。「道生一，一生二，二生三，三生萬物。」

2.引自哈佛大學教授邁克爾．普鳴的《哈佛中國哲學課》。

你看，道就是「一」，萬物是一個整體。「一生二」，在這個整體中，你能看到天與地、黑與白、陰與陽。所謂「一陰一陽之謂道」，而「萬物負陰而抱陽，沖氣以為和」。萬物是陰陽交互、和諧靈動的狀態。這就是「二生三」，「三」指的是這個狀態。所以，「三生萬物」。

老子的「道」很適合我們用來理解社交時的互動。

為什麼你說話時，他顧左右而言他？為什麼聊天結束時，你急切地想獲得他的聯繫方式，而他卻有些勉強？為什麼一群人說話時，你經常是那個隱形人？為什麼雞尾酒會總讓你筋疲力盡？

如果你的答案是「他沒禮貌」、「他們目中無人」、「雞尾酒會本來就無聊」，那麼這是有悖於「道」的，是過於簡單的二分法。老子認為，一切二分的概念都是虛幻的。你如果總是「二分」，就會對這個世界和他人產生不合理的期望。

仔細想想，會不會是由於這些原因，你一次又一次地繞開了他聊天的興奮點？也由於這些原因，你在交談中從未展示自己的價值；在多人對話裡，你不知道怎樣插話進去；你沒能理解雞尾酒會的意義。

他和你，他們和你，雞尾酒會和你，不是分離的，而是處於持續變化的動態關係中的。「道」一點也不神秘，它不是外在的理想，也不是內在的發願，而是每時每刻都與世界同步，並以此復歸和諧。哈佛教授邁克爾．普鳴這樣說：「我們越是把世界中的各事物看作彼此分化的，就越遠離『道』；我們越是把世界看作相互聯繫的，就越接近『道』，就越能獲得能量。」

有了相似和互動這兩大要素，人與人之間的交往就能產生同頻共振的效果，我把這種聊天方式稱為協同式聊天。

在接下來的章節裡，我會分別告訴你，如何在聊天中和對方協同情感、協同邏輯、協同信譽。在這之前，讓我們先來學一個協同式聊天的基本方法，這個方法應該被用在你的整個聊天過程中。

## 「說、問、說」三部曲

推進微交談有一個通用三部曲——「說、問、說」，即先做一個自我陳述，然後問一個開放式問題，最後再自我陳述。

這個三部曲的邏輯是：不管當時對方的狀態如何，你們的交談都讓他感到很舒服。這個三部曲的第一步和第三步，都是「說」。也就是說，每次問問題的前一步和後一步都要做一些自我陳述。用陳述話語開頭，而不是像對待犯人一樣上來就連珠炮似地盤問；同時要準備用陳述結尾，因為你問了問題之後，有兩種可能：第一種可能是，對方會滔滔不絕地回答問題，此時你就可以做一名可愛的傾聽者；第二種可能是，他回應不多，那麼你就要準備好退路，你的退路是用自我陳述結尾。

現在來演示一次。

你發現對方穿了件漂亮的裙子，可以做一個稱讚式的陳述：「裙子的顏色很襯你，這花色也很少見。」

然後你可以問問題：「可以問一下，你在哪裡買的嗎？」

她說：「我去年在馬來西亞旅遊時買的。」

你聽到了一個有價值的資訊點——馬來西亞。於是你要做一些自我陳述，然後再問第二個問題：「我去年春節也在馬來西亞。你覺得那裡怎麼樣？」

如果她開始滔滔不絕：「我超級喜歡那裡……」恭喜你，你順利地踩中了她的興奮點，這時的你靜靜地傾聽就好了。

如果她還是很簡短地回答：「那裡不錯。」那麼這時，你應該用自我陳述來銜接這次的交談：「去年我們帶著孩子去沙巴，發生了一件有驚無險的事。幸虧那天我們取消了去環灘島的計畫，就在那條路線上，有艘遊艇翻了，三十二小時後二十多名中國遊客才被救起。」

這就是推進微交談的三部曲：說、問、說。

再舉一個我個人的例子：

在一個媒體舉辦的酒會上，我瞥見旁邊的電視螢幕上出現了川普的鏡頭。我先做了一個陳述：「這位美國總統一直是年度爭議人物啊。」

然後我問身旁的那位男士：「請教一下，中國媒體界的專業人士是怎樣看他的？」

當時我想，如果他表示不喜歡川普，並有一肚子牢騷，或者他很欣賞川普，並有強烈的分享欲望，那麼我靜靜地傾聽就好。

當時的實際情況是，他的回答很簡潔：「說實話，我對他也不大瞭解。」這時我就需要挺身而出了，我又做了一個自我陳述：「我也沒仔細研究過他。我只記得十年前見過我的美國老闆和川普的一張合影，那時他的髮型比現在的還有個性。當時我們都在開玩笑，幸虧沒颳風啊。」

說到這兒，我和他都哈哈大笑起來。

再來試一次：

你去參加一個活動，想和旁邊的人搭話。你先做一些陳述：「哇，主辦方真是找對了地方，這地方真漂亮。」你順勢指指上方的吊燈：「估計價值不菲。」

然後你開始向對方提問：「你以前來過這個會所嗎？」

如果對方和這個會所很有淵源，你就靜靜地傾聽。如果他的回答很簡單：「我是第一次來。」那麼你就用自我陳述來做退路，你可以說：「我是第二次，上次是白天來的，沒注意到這個豪華吊燈。看來，這個會所更適合晚上舉辦活動。」

再舉一個例子：

你去參加一個冰雕展，想和旁邊的人搭話，你先做些陳述：「這裡像個水晶宮。」然後你問對方：「不知道這些藝術品是怎麼做的，用模具做出來的，還是用鑿子鑿出來的？」

如果對方滔滔不絕地說，你就保持傾聽的狀態。如果對方表示不清楚，那麼你需要來一句退路式的自我陳述：「我很多年都沒見過這麼大的冰雕了，上次都是十年前去哈爾濱的時候了。」

最後再練習一次這個「說、問、說」三部曲：

你在蘋果店外排隊，想和身後那個人聊天，你先做一些陳述：「北京的夏天好熱呀，熱得我眼睛都冒汗了。你是北京人嗎？」

如果他滔滔不絕，你就傾聽。如果他不善言辭，你就主動做自我陳述：「我在新加坡住過三年。新加坡更熱，那裡只有兩個季節——室內和室外。」

在微交談中，說得多還是聽得多，完全取決於微交談的氣氛。根據對方的脾性和投入程度，平衡「訴說」和「傾聽」的時間，這就是協同的技術。一個人的社交力，並不是指他的某種特質或能力，也不是指他可以落落大方、語驚四座，而是指他和對方的互動關係。

微交談就是這樣一件事情：偶然間因緣際會，訴說，傾聽，雙方在協同中獲得能量。

# 3 情感共鳴：我懂你的世界

情感與信念是主人，理智是僕人。忽略情感，理智沉睡不醒；觸發情感，理智飛奔而來。

——亨利．M．伯廷格　美國作家

我懂你，像懂自己一樣深刻。

——徐志摩

話，要令自己愉悅，也要令他人愉悅。創造愉悅是社交式談話的基礎。

遺憾的是，在數位化、虛擬化時代裡，我們製造讓人愉悅的說話能力正在逐漸退化。在聲光娛樂和電子產品的不斷刺激下，我們已經很難和他人進行有意義的對話了。在網路上，聯絡他人變得非常便捷，不僅如此，哪怕是和他人面對面地交談，我們的對話都常常被手機來電、訊息提示或各類應用程式App的消息打斷。

可是，培育和滋養任何一種關係，靠的都是人和人的情感連結，而不是人機連結。舉個例子，自從孩子上學後，我便開始觀察家長們和班主任的互動。我發現，很多家長急於在群組裡向老師提要求、要資源，卻忘了應該先和老師交朋友。

那些身處高科技浪潮尖端的弄潮兒，比我們更早地意識到了人們拒絕社交的危險。矽谷在近十年前就開始流行送孩子去上不配備電腦的華德福學校（Waldorf School），在這類學校裡，iPhone、iPad（蘋果平板電腦）以及筆記型電腦都被禁止使用。全球高科技搖籃裡的高科技人士拒絕自己的下一代被高科技綁架。他們希望孩子們學習的是創造力，而不是編程；他們希望孩子們學會人和人的對話，而不是人與機器的對話。高科技人士更加清晰地認識到：在虛擬化時代，有情感觸角的人更容易脫穎而出。在人工智慧與人類智慧比拚的時代熱潮中，感性智慧反而受到了更多精英人士的推崇。

與他人微交談，是鍛鍊我們感性智慧的最佳機會。如何敞開自己？如何展示關愛？如何讓對方感覺安全？在一次次探索中，我們的觸角會變得越來越敏銳。在交談的進展過程中，我們同情他人，或者被他人同情；我們鼓勵他人，或者被他人鼓勵；我們冒犯他人，或者被他人冒犯。這些感受能豐富我們每一個人的人格。用以色列歷史學家尤瓦爾·赫拉利的話來說，當你變得越來越敏感的時候，「這種體驗對於你來說就是一種很好的道德知識。逐漸地，你就會分辨對錯，成為更有智慧的人，這就是人生的旅程」。

在接下來的內容中，我會告訴你一些具體的技巧，利用好它們，你就可以為一場談話的始末創造溫暖的、安全的、欣喜的氛圍。

## 打破沉默

在微交談中傳達出「我懂你的世界」，是使人獲得安全感的最佳方式。我希望這種安全感是貫穿微交談始末的。那麼，在微交談中你怎樣在對方的潛意識中建立這種安全感？首先，我們可以利用開場，說出「我懂你的世界」，讓對方欣慰地放下警惕；其次，在談話過程中，我們需要不停地傳達出「我懂你的世界」，產生情感共鳴。

具體我們應該怎樣做呢？首先，打破沉默，說出第一句話。如何尋找合適的話題與對方聊？如何讓你的開場更有滋味，讓對方興趣盎然地想和你聊下去？

大多數時候，人們會以談論天氣狀況開啟一場對話。可是，梁實秋曾經指出，開口便談天氣好壞，當然亦不失為一種寒暄之道，究竟缺乏風趣。我們可以試想以下情景：

甲說：「今天的天氣好熱啊！」

乙說：「是的，這兩天熱得難過。」

甲說：「下一陣雨就好了。」

乙說：「可不是，下一陣雨至少要涼快好幾天呢。」

多麼無聊又無奈的對話。

梁實秋還舉了一個更乏味的開場的例子：「常見有客來訪，賓主落座，客人徐徐開言：『您沒有出門啊？』主人除了重申『我沒有出門』這一事實之外沒有法子再作其他的答話。」

確實，雖說開場的話不需要很機智，只做「敲門」之用，只為引出下文，但為了讓對方有興趣開門，我們也需要動動腦子。一道別致的開胃前菜也是頗令人愉悅的。下面，我介紹幾種說開場白的技巧：

1. 擺對身分：冷讀者＋熱捧者。

如果你是一個聰明人，又喜歡他，哪怕你們是第一次見面，他也不會完全不理睬你吧？所以，你在開場時對自己的身分設置是「冷讀者＋熱捧者」。作為冷讀者，你要展示你冷靜的觀察力，讓這第一句破冰的話顯得不唐突；作為熱捧者，你要展示你十足的善意，在此次談話中以給對方製造愉悅為己任。

我舉個例子。如果有人和我搭訕，一上來就問：「你是做什麼的？」這就有些唐突，而且不夠溫和。

如果一個人充分利用「冷讀者＋熱捧者」的身分，先說出這樣的話：「你講話很有條理，你是從事培訓工作的嗎？」那麼，我就會立刻喜歡上他，因為他這樣問，說明他已經冷靜地觀察了我講話時的特點，並誇讚了我講話有條理。我聽了當然會很高興，既被他關注，又被他表揚，受關注的需求和被尊重的需求全部被滿足了。

這就是冷讀者＋熱捧者的身分的含義。哪怕當時他「冷讀」錯了或者他猜錯了，這又有什麼關係？

### 2. 話題切入。

身分擺對以後，你應該用什麼思路來尋找合適的切入話題？我會介紹三條思路。其間，我還會穿插講述很多例子。這些例子可以讓你反覆練習如何擺對「冷讀者＋熱捧者」的說話身分。

第一條思路，從觀察到的道具中找話題。

看見對方手裡端著某種飲料時，你可以說：「這個飲料看上去不錯，這是什麼？」你冷靜地觀察到了他對飲料的選擇，並稱讚這個選擇。

坐在會議室的座位上，你對鄰座說：「你的裝備真齊全。我能借支筆嗎？」你冷靜地觀察了他的物品，並稱讚他「裝備齊全」。

面對咖啡館裡的鄰座，你可以說：「你的這款Macbook Pro（蘋果筆記型電腦）是蘋果今年出的高端款吧，我一直都想買。請教一下，這款好用嗎？」你冷靜地觀察了他的電腦，並表示了自己的羨慕。

走進客戶的公司，你可以說：「你們公司的品牌標誌設計得很有藝術感，有什麼故事嗎？」你冷靜地觀察了客戶公司最重要的符號，並稱讚它有藝術感。

在客戶的辦公室坐下後，你看到牆角的一根釣竿，就可以說：「這是專業級的富士釣竿吧？您也愛好釣魚？」你冷靜地觀察了他的辦公室陳設，並捧他為專業級釣魚愛好者。

看到牆上掛著一張客戶團隊的照片，你可以說：「您的團隊像溫馨的一家人，這是什麼時候照的？」你冷靜地觀察到了客戶的團隊成員，並稱讚他領導了一個氛圍融洽的團隊。

你在社區裡碰到遛狗的鄰居，可以先向他的愛犬打招呼，然後說：「好帥氣的狗狗，是秋田犬嗎？」你冷靜地觀察到了鄰居的狗的出眾外表和品種，還直接稱讚牠帥氣。

在年會上，你看到同事胸卡上的名字，你說：「你的名字好特別。這個字取它的什麼意思？有什麼故事嗎？」你冷靜地觀察到了他的名字，並讚其特別，並相信背後一定有故事。

在餐館裡，你看到帶著雙胞胎的父母，說：「寶貝們好可愛，雙倍的辛苦，但快樂肯定是超過雙倍的！他們多大了？」

很抱歉，我把雙胞胎歸入「道具」類了。但我有一條屢試不爽的經驗，面對帶孩子的父母，你可以和他們聊孩子。你想想，出門在外，哪個父母的注意力不在自家孩子的身上呢？如果孩子安靜，你就說孩子懂事；如果孩子玩鬧，你就說孩子機靈；即使實在找不到交談的話題，你也可以聊嬰兒車、孩子的服飾，進而誇父母能幹，把孩子打扮得光鮮體面，或把孩子教育得人見人愛。

其實，我們周圍有很多道具，線索也很多。而冷讀者和熱捧者的身分常常能通過一個短短的句子同時表現出來。

第二條思路，從對方身上找話題，包括他的身材樣貌、穿著打扮、個人氣質、內在特質等。

從對方的身材樣貌和穿著打扮上找話題，你可以說：

你的身材如此挺拔，是因為常去健身嗎？

你的麻花辮編得特別好看，我還從來沒見過這種編法呢！難不難呢？

你的耳洞位置很特別，這個位置穿洞，會疼嗎？

我看你戴手錶和我們不一樣，戴在右手上，看起來非常有個性。我猜你從事的是文化創意方面的工作吧？

你穿著馬里蘭大學的T恤，咱們是校友呢！

從對方的個性上找話題，你可以說：

這裡很多人都認識您，您最有人氣。您是從事什麼工作的？

您這麼幽默，打賭您是雙子座的。

哇，你好會聊天，你要是做業務絕對是一名高手。

從對方的氣質上找話題，你可以說：

這雙高跟鞋超有女人味。如此細高的跟，我穿上肯定走不穩，你卻駕馭得爐火純青，和科班模特兒一樣。

你像練過芭蕾舞，一舉一動都很優雅。

根據這個思路，我們也可以倒推出這樣一個技巧，提前穿戴好一個能引起對方注意的、有話題的「道具」。

我就有一個很漂亮的項鍊墜，是棕櫚樹造型的，是我哥在夏威夷買來送給我的畢業禮物。我經常在重要場合佩戴它。這個項鍊墜贏得了各種稱讚。我就順著對方的稱讚往下講，漸漸地，我講故事的技巧也越練越純熟了。

我從美國的學校畢業後的第一份工作也源自微交談。回想起來，我用來開場的方式就是使用周圍的道具。

那是一個明媚的下午，我正要走出大樓門，有一位中年男士為我拉住了門。我低頭瞥見他拎著一個手工布包，就隨口誇了他的包：「Nice bag！」（很漂亮的包！）他眉開眼笑地說：「Got it from China.」（我從中國買的。）我聽到China（中國）一詞，有些意外地回過頭，對他紳士的拉門之舉表示感謝，用的是中文「謝謝」，他竟然很快地回了一句「mei wen ti」（沒問題）。於是，我們同時停下來，站在那裡聊了起來。那一刻，我的人生就被打開了一扇門；他得知我剛畢業，正在找工作；我得知他們正需要一位有中國背景的專業人士幫忙啟動從中國運送護士到美國的大計畫。

第三條思路，從當下的狀態找話題。

有一種方法可以使你的個性永遠吸引人，那就是真正對別人感興趣。所以，談話的內容不重要，重要的是你發出了這樣的聲音：人群中，我看到你，我喜歡你，我要告訴你我喜歡你。

一個人當時的心情和表情，以及做一件事情時的狀態是認真的還是疲憊的，你只要稍加注意，就可以觀察出來，並能以此作為話題切入點。比如：

看你們聊得這麼投機，是不是認識很久了？

我注意到你剛剛聽得很認真，今天哪個嘉賓的發言你最喜歡？

商場裡的業務可以問顧客：「國慶長假這幾天來看珠寶的女士特別多，外面沒堵車吧？你們過來順利嗎？」或者，「聽到你們在聊《我不是藥神》，我一直沒有時間去看。這部電影拍得怎麼樣？」

看你今天興致很高，有啥開心事嗎？

我剛到上海的時候，曾經和計程車司機用最後那個例子的話語聊天。

當時，那個上海老司機滿臉笑容地幫我放行李，開門，還哼著小曲兒。

我說：「看您今天興致很高，有什麼開心事嗎？」

他的話匣子一下子被打開了。原來他做律師的女兒今天回國了，今天正好也是女兒的生日。一路上，我們天南海北地聊開了，聊親情，聊上海的發展，聊海外生活，聊國內生活。最後，他竟成了我的房東，當然，房租的CP值特別高。

以上就是開場找話題的三條思路——從周圍道具找話題、從對方身上找話題、從當下的狀態找話題。為了向對方傳達「我懂你的世界」的信號，我們需要訓練出一雙偵探般的眼睛。這雙眼睛永遠選擇去發現生活裡的美。

如果在某個商務場合中，你一緊張就把這些思路全忘記了，那麼就用最誠實的開場，向某人走過去，直接說：「我在這兒一個人都不認識，你願意和我聊聊嗎？」或者，你想加入一群人的聊天，你坦然地問：「看你們聊得這麼開心，我可以加入嗎？」或者，「我對你們聊的話題很感興趣，我可以加入嗎？」

絕大多數人都會欣然答應。你趁熱打鐵，做一個自我介紹，他們會告訴你他們正在聊的話題。談話就可以開始啦。

如果不能引起別人的注意，你就沒有辦法和這個世界發生連結。為了做到自然而風趣地與陌生人破冰，你可以在平時做這個自我訓練。當你坐在一家咖啡廳、餐館，或接待大廳時，觀察周圍的人，寫下你和他們可能的搭訕方式。每次至少練習十個。

當有一天，你勇敢地用這三條思路去破冰時，你就會發現，知和行之間的距離其實很短。

## 「是的，然後……」聊下去

在談話中，我們可以不斷用「是的，然後……」來證明「我懂你的世界」。

「是的，然後……」這個公式我聽過很多次，真正領悟它還是在向一位媽媽請教問題的時候。這位優秀的媽媽向我透露了她十多年的育兒經驗。她告訴我，諸如糾正問題行為、提供更多的教育平臺、幫孩子養成好習慣等等，都不是最重要的，最重要的是你和孩子的關係。如果你們一直都保有密切的信任關係，那麼一切問題都是可以解決的。

怎樣建立和維繫這種密切關係呢？「就一條鐵律，不管孩子和你說什麼，你的反應都應該是『是的』，然後和孩子一起探討具體情況。」

她頓了頓，說：「昨天我兒子從學校回來，告訴我，他打人了。如果我跳起來說，你怎麼能打人？那麼他以後再也不會和我聊天了。我當時的反應是『是的』。我說，那人很可恨吧？然後，我和他坐下來，好好探討了這件事情。」

當時，我一聽完真是茅塞頓開。我感激她和我分享了這條經驗，讓我自己在做母親的這條道路上少走很多彎路。

「是的，然後……」就是用來證明我懂你的世界的思考方式和說話方式。這個「然後」後面接什麼內容呢？可能是「讓我們來一起探討」（Let's discuss together），也可能是「我來補充一點」（I am adding another point）。

來看下面這段對話：

甲：「你最喜歡吃哪個菜系的菜？」

乙：「上海菜。」

甲：「上海菜有什麼好吃的，太甜了。」

至此，一個挺好的話題，就這樣被聊「死」了。用「是的，然後……」聊天就可以變成這樣：

甲：「你最喜歡吃哪個菜系的菜？」

乙：「上海菜。」

甲：「嗯，上海菜甜甜的，上海姑娘也是甜甜的。除了甜，上海還有別的滋味吧？」

……

尤其在以下兩個情境中，一定要開啟「是的，然後……」模式。

情境1：嘗試加入一個新的交談組。

你千萬不要挑戰他們正在談論的話題，不要試圖一加入就主導整個交談。想一想，別人正談得起勁的時候你來橫插一腳，別人會是什麼感覺。你要做的，是對他們，或他們談論的話題，做積極正面的評論，同時順勢加些內容。你可以用「是的，然後……而且……」的說話模式。

他們正在談喝茶養生，哪怕你是一名咖啡愛好者，也不要一進去就唱反調——「但是，我覺得茶葉農藥殘留太多，現在很多人都喝咖啡了」。

你應該採用的說話模式是「是的，然後……」。這樣你既能表達自己的觀點，也能讓對方愉悅。「是的，喝茶絕對養生，而且為了讓農藥殘留降到最低，我們可以用滾水先洗兩遍茶葉。其實用咖啡調劑一下也挺好的。」

他們正在聊在美國迪士尼樂園遊玩的經歷。如果你第一句話是這樣插進去的：「迪士尼裡人實在太多了，排隊的時間比遊玩的時間多，你們下次應該去六旗遊樂園。」大家聽了這段話，可能想把你踢出去。

你應該利用「是的，然後……」模式，首先做充分的肯定：「迪士尼的城堡加煙火，真是遊樂界無敵的。」然後你再做補充：「六旗遊樂園有那種不固定上半身的雲霄飛車，也很棒，讓人感覺幾乎要從座位上飛起來，而且排隊的時間不會像在迪士尼樂園那麼長。」

情境2：當對方抱怨的時候。

女人之間聊天，經常會聽到這樣的抱怨。

一位女士說：「我真是受不了婆婆在我家同住，生活得很壓抑。」

這句話裡滿含負面情緒，如果你在接話的時候不能把負面情緒往積極陽光的方向上轉，那麼這次聊天可能會成為兩個怨婦的批判大會。

她在說這句話時，可能不僅要和你分享這個資訊，還需要情感上的共鳴；同時，這句話也有可能讓她失去了安全感，因為她在做自我坦露。

你和她此時的協同，需要用「是的」給她情感共鳴——我的世界也是這樣，還需要用「然後」給她安全感——其實你的世界很美。「是的，然後……」是微交談中最好的模式。

「我也很討厭和婆婆同住，每次我們都住不過三個月。」這是給她情感共鳴的「是的」。

「你們都住了那麼久了，還沒有出大問題，可見你的EQ高過我。你先生敢這麼安排，可見他對你的信任度很高。」這是給她安全感的「然後」。

在聊到育兒的時候，我們也會經常聽到這樣的抱怨。

一位女士說：「我家兒子越大越淘氣，總是和我們對著幹。」

我用「是的」給她情感共鳴：「我家那兩個兒子也是，有時氣得我直跳。」

接著用「然後」給她安全感：「不過也許你可以這麼想，兒子可能不是在抗爭父母，而是在抗爭權威，否則他怎麼能成長為一個不卑不亢、性格剛毅的男子漢呢？」

在談論工作的時候，我們經常會聽到各種抱怨。

一位女士說：「主管給我派的事情太多了，還不給足夠的資源，這份工作真是不好做。」

這類事件的情感共鳴真是太多了，每個人都有或都曾遇到過這樣的主管。「哎呀，這和我前主管一模一樣，我那時天天加班。」

然後你該給安全感了：「其實你主管如果認為你搞不定，就不會這樣要求你了。在他眼裡，你是一個能力很強的幹將，他在挖掘你的潛力呢。」

最後，再來看一位男士在聊天時的吐槽。

「我老婆，一遇到不順心的事就成了祥林嫂，我就是一個出氣筒。」

我用「是的」給出情感共鳴：「我也經常這樣，我老公經常被迫揭竿而起。這在我們家很正常。」

接著我用「然後」給他安全感：「你可能不知道，作為一個女人，我敢說，只有婚姻幸福的女人才會把老公當出氣筒，婚姻不幸的女人都是隱忍不發的。恭喜你，看來你讓她過得很幸福。」

「是的，然後……」能帶給他人情感共鳴的滿足感，讓他人有自我肯定的安全感。記得我在參加防身培訓時，曾就職於美國聯邦調查局（ＦＢＩ）的教練告訴我們，哪怕面對歹徒，我們保命的方式也是讓他獲得犯罪的滿足感、安全感。

## 他是誰？你認為他是誰？

在微交談中，你還可以通過窺探和解讀對方心中的自我，來證明「我懂你的世界」。

每個人都在持續地向外界釋放不同的信號，這些信號體現為他的穿衣打扮，他待人接物的方式，他在社交媒體上留下的痕跡等等。每個人都在用這些信號告訴全世界「我是誰」。

有些信號是個人有意放出來的，有些信號是他們無意間洩露的。我們要關注的是他們有意放出的那些信號，比如，他用了女兒名字首字母的車牌號，他牆上掛著的一個榮譽證書，他的網名，他個人首頁上引用的一句名言，他列出的最喜愛的電影、書籍等等，因為他們在用這些信號外化自己的優點或者特質。

這些外化優點或特質的信號，你都接收到了嗎？

為了鍛鍊自己的接收能力，我經常玩這個遊戲，在看朋友圈時，我不斷地思考，這個人說這句話或做這件事，其實是想外化他哪方面的優點或特質呢？

例如，某人發布了小寶寶滿月的照片，難道她僅僅想讓大家欣賞寶寶的可愛嗎？不，她也許想讓大家注意到她的身材已經恢復到和從前一樣好了，她是美麗、自律的。

某人發布了某本書的讀後感，難道他僅僅想和別人分享他的見解嗎？不，他也許想讓大家注意到那是最新出版的圖書，他處在這個時代文化思想的尖端。

某人發布了旅行照片，難道他僅僅想讓大家共賞美景嗎？不，他其實想讓大家注意到照片中那個奇怪的、誰也沒聽說過的地址，那是一個小眾的、有個性的景點。他不僅有錢有時間，而且更有品味。

如果某人在朋友圈什麼都不發，那麼他僅僅是想落個清靜嗎？不，他也許想展示一個不虛榮不浮躁的自己。

他是誰？這個問題固然重要，但更重要的是，「他想讓別人認為他是誰」。這就是美國心理學家山姆．高斯林在其著作《看人的藝術》中提出的「自我的內在故事」，即心理學家所說的一個人對自己的解釋，包含了這個人的價值觀和豐富的性格特徵。

由此看來，與他人建立連結是否成功，並不取決於你們相識的時間、交往的頻率，而在於你是否讀懂了他的「自我的內在故事」，它就像指南針，指導著你和他的一切互動。如果你們的互動能一次又一次地強化這個故事，那麼你就能和他輕鬆地建立起真正的連結。

有了這個指南針，你會自然而然地說出這些話：

我從武夷山帶回來一套竹茶具，我的朋友圈裡沒有誰比你更配如此清雅的東西了，送給你。

這是我所知道的最黑的黑科技，不過對你來講，大概根本就不算什麼新聞了吧。

我見過很多女強人，但像您這樣能平衡好工作和生活的女強人，還真是鳳毛麟角。

總結一下，你不斷地發出我懂你的世界這個信號，能讓對方獲得安全感。在開場時，你可以用「冷讀者＋熱捧者」的身分，從三條思路上找話題。在談話進程中，你可以用「是的，然後……」來證明我懂你的世界，並敏銳地讀出對方心中的自我。

## 原來你也這樣

人們如果在自己周圍建立一個蠶繭，並和那個與自己人生看法一致的人共同居住在那裡，就會覺得混亂的世界終於有了秩序。

——莉爾．朗茲　國際知名人際溝通專家與兩性情感問題專家

有一個理論是討喜偏誤。所謂討喜偏誤指的是，某人越討喜，我們就越傾向於幫助他，甚至會做出一些非理性的行為，也就是更率性的行為。討人喜歡的因素之一，就是兩者在某方面很相似。動物保護組織就常常利用人們的討喜偏誤。比如世界自然基金會的宣傳小冊子上印的都是瀕臨滅絕的哺乳動物，如大熊猫、黑猩猩、袋鼠、海豹，而不是蜘蛛、海藻或細菌，因為我們對哺乳動物更有親近感——哺乳動物與世界相處的方式更像人類，我們對牠們更有好感。

當研究微交談時，一方面，我們要認識到每個人都是獨特、與眾不同的。這使得一

切交談都有了意義。沒錯，我們互相交談，探討的正是自己眼中的不同世界。另一方面，我們還要認識到，為了更進一步地交談，我們在鋪陳階段，恰恰需要利用雙方的相似點來建立初始連結。我們的相同之處，而不是我們的不同之處，讓我們在一個嘈雜的環境裡能夠迅速建立聯繫。

這個時代對我們的社交技能也提出了特殊要求：我們要善於找到和對方的相同點。我們不能只在和自己相同的人身上找相同之處，我們還要有本領在和自己不同的人身上找到相同之處，並與他們連結。否則，我們的生活圈子和注意力圈子將會越來越窄。

怎樣發現共同之處？

首先，在交談中尋找彼此都認識的人。比如，這場活動的組織者或其他參與者。就這個人，你可以說一段你們的交往歷史，或者當初邂逅的有趣故事。舉一個例子：

在一次峰會上，我和旁邊的人搭訕，問他：「什麼風把你吹來的？」

他回答：「王博士介紹我來的。」

王博士是這次活動的演講嘉賓之一，他就是我們共同認識的人。我明白講故事的時刻到了。

我說：「真高興今天有王博士的精采演講，他讓我對育兒有了不一樣的看法。我是他的大學同學。」

對方驚訝地說：「喔，是嗎？」

我故作神秘地說：「沒想到當年的蹺課專業戶，現在成了育兒專家。每次都是他帶我蹺課。衝出學校後，我去電影院，他去圖書館。」

這就是一個帶著青春痕跡的故事。為了讓這個故事更生動，你可以利用一個講述技巧：引入對話。我讓你來自己對比一下有對話和沒對話的效果。下面是有對話融入故事的版本。

我說：「真高興今天有王博士的精采演講，他讓我對育兒有了不一樣的看法。我是他的大學同學。」

對方驚訝地說：「喔，是嗎？」

我故作神秘地說：「你想不到吧，當年他經常帶著我蹺課。他總是吃完午飯後把便當一扔，摸著肚皮說『吃得太多，坐著難受』，拉我就走。結果，我每次都去電影院，他每次都去圖書館。如果你說他是一個蹺課大王，他就會說：『在大學蹺課，那也叫蹺課嗎？』」

你看，加入對話後，這個故事變得更生動了。你們共同認識的那個人出現在對方腦補出的畫面裡，變得血肉豐滿起來；並且，在描述對話的時候，你的語氣稍微戲劇化一些，會大大增強趣味性和戲劇性，可以讓彼此充分放鬆。

但是如果你說，我和對方在現場沒有共同認識的人，那麼我從哪個方面尋找共同點呢？

我記得人類學家羅納德・科恩曾講過這麼一件事。

在納粹集中營裡，要是有一人犯規，守衛經常會讓所有排隊的人報數，每十人殺一人。有一次，第十個囚犯走出了隊伍，守衛卻轉身朝第十一位囚犯開槍。為什麼？是因為這第十個囚犯身體健壯，屬於優質勞動力？還是因為他過去表現一直很好？都不是。守衛給出的原因很簡單，他認出這第十個囚犯是自己的同鄉。

瞧，同鄉、校友就是一個亮點！所以第二個方法，就是尋找你們有沒有直接或間接的同鄉、校友關係。人們對同鄉或校友往往有兄弟姊妹般的特殊情懷。溫州人一到美國做生意，就會先找美國的溫州商會；德國人一來中國做生意，就會先找中國的德國商會。

所以，你需要提前準備一些和自己家鄉、學校有關的故事。「家鄉」這個概念，可以是某社區、某城市、某省分，甚至北方或南方。學校這個概念，包括幼稚園、小學、中學、大學……你仔細想想，可以挖掘的故事很多。一旦和對方踩到同一個點上，講故事的時刻就到了，雙方的關係立刻就活絡了。

這個方法最好能配合一定的情感濃度。你可以假想他是你當年無話不談的朋友，但歲月流逝，你們失去了聯繫，你也不知道這個朋友去了哪裡。今天，在這個大型聚會上，你突然認出他，你又驚又喜，往昔的回憶和情感襲上心頭。你腦子裡只有兩個字「是你」。

## 不做聊天終結者

聊天的藝術，不僅在於傾聽，也在於被傾聽。

——威廉．赫茲利特　英國散文家、戲劇家和文學評論家

你怕不怕在微交談中無話可說？

確實，我們身邊有一些人似乎真的是無師自通，天生就擅長聊天。這是不是意味著聊天是一種天賦？其實，每個人都有呼朋喚友的基因，與人交往的基因就在你的血液裡，這是人類靠群居生存下來的本能。哪怕你現在不擅長聊天，這也是你的一個潛質，也就是說，你可以靠努力挖掘這一天賦，甚至可以將其發揮到極致。而且，在以下內容中，你會發現，內向在聊天中不僅不是劣勢，還可以成為優勢。內向的人更善於問出好問題、準確地自我定位和準確地回應他人。這些都和一個人的系統思維能力有關。

在聊天中，系統思維能力很重要。當人們面對面，試圖瞭解彼此的想法時，他們必須積極保持自己的目標和計畫，跟上交談的節奏，監控交談的進展和方向；他們還要關注重要的資訊，而不僅僅是那些容易解析的資訊；同時，他們要遏制某些苗頭（比如某一方

主宰交談），對變化迅速做出反應，減少干擾（比如周圍的噪音），擴大自己的關注範圍。在這些方面，內向的人一點也不比外向的人差，而且內向的人顯得更真誠。外向的人頂多就是破冰的勇氣更佳。所以，不管你內向還是外向，都能把一場談話聊得精采。

具體到操作層面，我來教你三個技能，讓談話不中斷。這三個技能要貫穿在每一次微交談中。它們背後的心理學理論依據是馬斯洛的需求層次理論：人有生理需求、安全需求、社交需求、尊重需求和自我實現需求。所以，你如果要獲得他人的好感，就請讓他感覺放鬆，並被關注。

如何讓對方感覺放鬆？

第一個技能：問一個讓對方感覺進退自如的問題，也就是對方可以把對話引向任何話題的問題。因此，一方面，在交談中，你不要問那種用一個詞就可以回答的問題。原因很簡單，對方用一個詞回答後，這次對話就結束了；而且，對方也會意識到自己是一個聊天終結者，所以對方會覺得有責任找新話題把對話主導下去。而這種情況會讓他感覺很不輕鬆。舉一個例子：

有人問我：「你讀過《紅與黑》嗎？」

我說：「沒有。」

他又問：「那你讀過大仲馬嗎？」

我說：「也沒有。」

立刻，我覺得自己像一個傻子。我想：我是不是該說點別的？否則他會怎樣看我？所以，更好的問題應該是：「你度假的時候，一般會帶上什麼類型的書？」

接下來，你可以對照一下兩種不同問法的差別——聊天終結者和聊天達人的問法。

聊天終結者問：「你會回美國嗎？」

聊天達人問：「如果有一天你選擇回美國，原因會是什麼？」

聊天終結者問：「你常去海邊度假嗎？」

聊天達人問：「你喜歡去哪裡度假？」

聊天終結者問：「你喜歡恐怖電影嗎？」

聊天達人問：「你喜歡哪種類型的電影？」

聊天終結者問：「你想念家人嗎？」

聊天達人問：「離開家這麼久，你感覺怎樣？」

另一方面，你也不要問申論題式的問題。比如，曾經有人一見面就問我：「你對『一帶一路』怎麼看？」

我立刻感到了壓力，他把思考的重任「啪」的一下拋給了我，可是我沒那麼多力氣來回答這個問題。

所以，這個人當時更好的問法是：「『一帶一路』對你們那個行業有什麼影響？」這就是讓人感覺進退自如的問題。這類問題遇弱則弱，遇強則強，我怎樣答都可以，我會覺得很放鬆。

只要問對了問題，每個人就都有獨特且精采的故事可以講述。

值得注意的是，這種發問技能並不是禁止你問只能用是或否來回答的封閉式問題，而是要求你問得出能讓對方自由發揮的問題。在實際操作中，封閉式問題和開放式問題經常被穿插使用。

穿插使用是什麼意思？假設你問了我一個開放式問題，讓我進退自如：「『一帶一路』對你們那個行業有什麼影響？」我回答：「在跨文化培訓中，我明顯感覺到中央企業和國有企業的客戶突然增多了。看來這些企業真的是『一帶一路』沿線投資中的主力軍和領頭羊。」

為了讓對話保持「有來有往」的節奏，你這時可以順著我的話，插問一個封閉式問題：「電信類企業算不算是投資最多的？」

我回答：「電信類企業投資確實多，但最多的應該是能源類企業吧……」

瞧，這就是在自由穿插使用開放式問題和封閉式問題。關鍵是，在一組對話裡，你要能問得出讓對方自由發揮、進退自如的問題。

第二個技能：一問二答。永遠不要過於簡短地回答對方的問題。

所謂一問一答是指，日常生活中，我們對別人提出的問題做出相應的回覆。如果我們能在回答對方的問題的同時稍做延展，說一些跟答案相關的其他資訊，那麼這就是一問二答。

比如，鳳凰衛視著名評論員阮次山在見到紐西蘭前總理約翰．凱伊時，第一句話就問：「聽說您的手臂摔傷了，現在好些了嗎？」

約翰．凱伊笑了一下，說：「已經沒事了。」不會聊天的人，可能認為這就已經是問題的全部答案了。可是這位總理是一位聊天高手，他並沒有就此打住，而是繼續說了下去，「我當時是在慶祝中國牛年春節的活動中不小心滑了一下，用手撐地，所以手臂就折了。他們給我打了石膏，後來這個石膏拍賣的款項都捐給了慈善基金會。」

這就是典型的一問二答。約翰．凱伊一下子拋出了這麼多資訊，讓阮次山可以輕鬆地接下話題。

如果你是一個有一問二答習慣的聊天者，那麼對方真的會感到很輕鬆。

當對方問你「你喜歡下雨天嗎」，你回答「我喜歡」。其實，你還可以補充：「我和男朋友就是在一個雨天認識的。細雨綿綿如果配上江南水鄉，就會更有意境。」

當對方問你「你們家鄉也會這麼冷嗎」，你回答「沒這麼冷」。其實，你還可以補充：「今年冬天我們這裡真是格外冷。不過我今天穿了發熱衣，最新科技成果，它真的好像在我身上發熱呢。」

第三個技能：仔細聆聽，然後延展關鍵詞。

微交談，就是在聆聽的基礎上展開交談。也就是說，微交談是延展關鍵詞的技術。

所謂延展關鍵詞指的是，對方講完一段話後，你不是做總結概括（封閉式的），而是用自己發散、跳躍的思維，抓住原來資訊中的關鍵詞，擴展出一系列新資訊。在一個人聲鼎沸的場合，對方根本沒辦法釐清你每句話裡的邏輯，他和你一樣，聽到的只是一堆關鍵詞，當聽到自己敏感的關鍵詞時，他就會身心一振，談話因此就會繼續下去。

所以，會微交談的人都擅長快速地抓住對方拋過來的若隱若現的資訊點，並將這些資訊點延展、延展、再延展。別看表面上每個人都談笑風生，其實大家都像游水的鴨子，看起來氣定神閒，但是在平靜的水面下，腳蹼都在拚命地「撲撲撲」，都在竭盡全力地玩擴展遊戲。舉一個例子：

在健身房裡，你看到一位大汗淋漓的女士，想搭訕幾句：「我天天來這兒，今天好像是第一次見到你。」她回答：「上個月我剛從上海搬到深圳，深圳空氣很好。」

如果你接下來自說自話，「這個時間段能搶到一臺跑步機，很不容易」，她可能會點點頭，繼續邁開大步跑下去。這樣，你就錯過了一次邂逅的機會。

你剛剛那句話似乎是在延展，但那不是合格的延展，因為你延展的素材不是來自她的話，這也說明你不是一個合格的聆聽者。

其實從她那短短的一句話——「上個月我剛從上海搬到深圳，深圳空氣很好」中，你可以聽出很多資訊：

她是一個注重生活品質的人；

上海的空氣已經不讓人滿意了；
她精心比較和選擇後，來到深圳；
她不會固守一個城市住到老。
因此，你可以將談話延展開來，比如：
搬到新地方，你還習慣嗎？
你還在哪裡居住過？在哪個城市住得最久？
有沒有去過深圳的海灘、紅樹林？那兒可是天然氧吧。
我在深圳住了八年了，你有什麼特別想瞭解的嗎？我能幫忙。
……

你看，延展的本領其實基於真正的傾聽，即你是否能把對方的話放在你自己的話裡面。如果你能做到，那麼對方馬上會覺得自己被關注了。而專注他人，是未來最高價值的技能。

專注他人，也就是識別他人的想法，並做出恰當反應，也就是同理心，它是最具人性的交往技能，尤其在網路時代價高無比。同理心不是始於「我知道你的感受」，沒有人是這麼厲害的。正如麻省理工學院社會學教授雪莉·特克爾所說的，同理心始於意識到自己不知道別人的感受。因為不知道，所以才會開始和人交談，用陪伴和承諾鼓勵對方「告訴我你的感受吧」。一切聯繫、信任、承諾，都建立在這個基礎上。同理心是可以訓練出來的。而識別和擴展關鍵詞，就是重要的訓練方法。

可是，有些人在交談中做出的聆聽，僅僅是在等待自己發言的機會；還有些人的聆聽，停留在很初級的一邊聽一邊點頭，或重複他的最後幾個詞，或看著對方的眼睛等等。請你把這些技巧都忘掉。當一個人真正專注他人的時候，他是不需要有意展示這些聆聽技巧的。

再舉一個例子：

在和客戶談判的茶歇時間，你問客戶：「你週末怎麼過的？」他回答：「昨天和朋友去寶安體育館打網球了。」這裡面包含了至少三個資訊點供你延展：

他住在深圳，可能是寶安區；

他也許常去寶安體育館；

他經常鍛鍊，他可能是一名網球愛好者。

你可以將談話引導下去：

原來你也喜歡網球，我大學時每週末都打兩個小時。

你住在寶安區？那兒的房地產都在打前海概念，價格飆升得很厲害哦。

寶安體育館是個好地方，那兒還有兩個比賽級的室內游泳池。你喜歡游泳嗎？

我對網球不大瞭解，你覺得網球的魅力究竟在哪裡？

……

再比如：

在一次商務酒會上，你問道：「你怎麼會來參加這個活動？」他回答：「活動是我們公司贊助的。」這裡面包含至少三個資訊點供你延展：

他也許是公司裡的門面人物或重要人物，可能在市場部、公關部、行銷部等部門工作；

他也許經常參加類似的活動；

他是帶著公務來的。

那麼，你可以延展下去：

你們公司是哪家？我猜您是公關部的？

你們經常贊助科技行業的活動嗎？

您今天最大的收穫是什麼？

……

在如此一來一往的問答裡，陌生人慢慢地變成了朋友。

聊天是延展的遊戲。不需要在微交談中發表長篇大論，你如果真有犀利深刻的觀點，就去寫部落格好了。

在延展關鍵詞時，我要告訴你一個催化劑——「可不可以說說……」，這個催化劑能幫你撬開他的話匣子。如果在對方給出的關鍵詞中，你發現有一個可能是你或他的優勢話題，你就應該用這個催化劑，去催化一次更深刻的談話。

兩個人聊天，是在做平衡的藝術，這就像打網球。球在你我之間傳送，有時我發個快球過去，有時你勾個慢球過來。會聊天的人都是一邊聊，一邊觀察，他們能清晰地意識到從什麼時候開始失去聽眾，並迅速地調整節奏和話題，將對方的注意力拉回來。在聊天中，不變的原則是：球不能永遠在某一方的手裡。對方接到球後，不慌不忙地把生活中的細節娓娓道來；你對他的話稍加評論，然後加上新觀點，或問個新問題；他又接到球。其中的一個原則是，最好不要把球握在自己手裡超過二十秒，禁止把球握在自己手裡超過四十秒。

另外，我要鄭重地提醒你，有時候對方不想和你聊下去的真正原因，還不一定是你不懂聊天，而是你在看手機！你在隨心所欲地切換「在場」和「不在場」的開關，你這是「缺席的在場」，或叫作「在場的缺席」。其實這也是越來越常見的一種病態的生活狀態。

聊天中必定會有沉默，而沉默的那幾秒空檔真的全無意義，真的就無聊到要看手機嗎？請重新考慮一下「無聊瞬間」的價值，至少在我看來它有三大價值。

第一，無聊瞬間為大腦創造了留白，大腦有了留白，才有空間去思考、去回顧、去等待、去提問。在我的課堂上，總有學員見縫插針地回覆手機上的短訊或電腦上的信件。我常常提醒學員：「你看一次手機，得到的是瞬間的興奮和神經上的刺激，失去的是和課程、講師建立親密關係的機會。」

第二，無聊瞬間激發創造力。交談就像人生一樣，一定有沉默或無趣的片段。當交談節奏慢下來，我們是借此機會低頭發條短訊，給對方留下心不在焉的印象，還是後退一步，開啟新的話題，主動出擊？打個比方，你和女朋友吃飯，聊完一陣之後，你不想看女朋友了，你能扭頭去看別的女生嗎？社交中的談話沒有固定的議程，邊談邊有新發現，它需要你全神貫注。交談的英文是converse，是一個動態的詞，本意是「彼此照顧、彼此依靠」。

第三，無聊瞬間展示真實的自我。我們常常是在自己停頓、猶豫或陷入沉默的時候，才將真實的自我展現給了彼此。這是即興的魅力。交談，是目前機器做不了的事，可能也是我們不願意交給機器做的事。

所以，請把手機這個最大的談話終結者從眼前挪開，哪怕是一部已經關機的手機。敲黑板講三遍：不看手機，不看手機，不看手機。

## 冷場急救術

什麼是交談？它是一個謎！它是一種永遠不倦怠，對任何事情都有興趣，從瑣事中尋找愉快，從虛無中探尋魔力的藝術。

——居伊・德・莫泊桑　法國著名作家

每個人在交談中，大概都遇到過即將冷場的尷尬。這時你該怎麼辦？也許，你會順勢喝口飲料，打量一下周圍的環境，或撩撩你垂下來的秀髮。除此之外，下面這三個急救術能讓談話有所轉機。

第一個急救術：另起爐灶，跳躍著談話。

如果這個話題被卡住了，你們實在聊不下去，那麼你不用糾結，拋下這個話題，另起爐灶吧。微交談本來就是跳躍式的。比如，你可以快速地問個問題：

「問你一下，剛剛最後那個嘉賓說的區塊鏈到底怎麼理解？」你問的時候，身體可以微微前傾，向他靠近，好讓這句話不顯得那麼突兀。

你腦子裡貌似突然閃過新奇的事情，和他分享：「我今天早上在路上居然看見那種賣老式爆米花的。我都好多年沒見過這玩意兒了。」

你好奇地指著牆上的畫：「我一邊和你說話，一邊琢磨它。你看，這是一幅油畫，還是一張照片呢？」

……

第二個急救術：正反回應，何時都有得聊。

當沒有辦法馬上接話時，你不如陷入思考三秒鐘，仔細回味他的話，然後做「正反回應」。也就是說，你可以根據自己是否對這個話題有共鳴，來選擇做正面回應還是反向回應。正面回應就是我和你很有共鳴；反向回應就是我和你沒有共鳴，但是我很有興趣探究你的世界。比如：

對方說：「我剛從羅馬回來。」

如果你在「羅馬」這個關鍵詞上和對方有共鳴，那麼你可以做正面回應：「我上週剛剛重溫了《羅馬假期》。真正的羅馬和電影中的羅馬有什麼區別？」

如果你一時在「羅馬」這個關鍵詞上和對方沒什麼共鳴，那麼你可以做反向回應：「我從來沒有去過羅馬。羅馬有哪些地方值得一遊呢？」

又比如：

對方說：「我是神經內科醫生。」

如果「神經內科醫生」這個關鍵詞經常出現在你的生活中，你很有共鳴，那麼你的正面回應可以是：「我哥就是研究神經學的。你們肯定有很多可以交流。他現在是哈佛大學的博士後。」

如果你對「神經內科醫生」這個關鍵詞實在無感，那麼你的反面回應可以是：「對於我這個文科生來講，你們這一行貌似很高深，你們經常用小白鼠來研究什麼？」

通過正反回應，你帶入了更多的資訊點，然後雙方都可以在這些資訊點上進行延展。一個快要談「死」的話題，可能就這樣「活」過來了。

第三個急救術：移花接木，轉向大眾話題。

如果對方在講一個你完全接不住的小眾話題，這個話題涉及的領域和你沒有交集，你又擔心冷場，那麼你不如巧妙地從小眾話題切換到大眾話題，聊那些人人都有話聊的話題。

比如：

對方問你：「你玩遊戲《英雄聯盟》嗎？我正在挑戰戰爭學院奧德賽任務。」

你從來不玩電子遊戲，完全聽不懂他在講什麼。這是一個你不想接，也接不住的話題。

這時，你可以移花接木，把專業類話題轉到生活類話題上：「《英雄聯盟》現在很紅啊，可惜我太忙了。你平時都是什麼時候玩？女朋友會一起玩嗎？」

再比如：

對方說：「世界杯這麼快就落幕了，本來我還說要和球友去俄羅斯呢。唉，真是遺憾。」

你從來不看世界杯，也明顯不是他的球友。這也是一個你不想接，也接不住的話題。你可以移花接木，把足球的話題轉到鍛鍊身體的話題上：「我聽說喜歡看球的人都喜歡踢球，你經常踢球嗎？」

兩個人之間的交談，本來就是時而優雅緩慢，時而奔放熱烈。沒人能始終保持高能量、快節奏的對話。所以，談話的節奏時而會慢下來，也挺好的。遇到快冷場的時候，你不用緊張，順應節奏，從容地談下去就好。

## 回應式傾聽

很少有人能夠拒絕接受那種帶有恭維性的認真聆聽。

——傑克．伍德福德　美國著名小說家和非傳記作者

在社交場合裡，建立關係遠比說服他人更重要，因為人類經常靠感覺來做判斷，理性只是提供了輔助工具。舉一個例子，兒子的學校突然決定要擴建教學大樓，想把學生分流到其他學校，於是臨時召集家長投票。其實理性地思考一下，校舍裝修確實會產生汙染，而且分流的學校也不遠，但是大多數家長被學校的臨時決定激怒了，紛紛投了反對

票。再假設一種情形，在選舉時，我們以為自己理性地比較了不同候選人的參選綱領，實際上卻被某位候選人的魅力蠱惑。與用腦相比，人更傾向於用心。真正的交談，是交心。而回應式傾聽（responsive listening），展現的就是你在用「心」傾聽和回應對方。

什麼是回應式傾聽？它是你一邊傾聽一邊頻頻點頭，或者一邊傾聽一邊重複對方話語中最後的幾個字？當然不是，這些表面的技巧都不重要，甚至，這些表面的技巧還會起反作用。說話的人可能會想：「我說的話如此沒有吸引力嗎？竟需要你用這些聆聽的技巧來保證自己不會走神嗎？」

真正的回應式傾聽，是一種高度共情式的傾聽。它指的是補充對方沒有說完的話，鼓勵對方說出他最想說的。

我們怎樣才能做到回應式傾聽？我會介紹兩個由淺入深的方法。

第一個方法：他講觀點時，你補充事實；他講事實時，你歸納觀點。

首先，當對方在講觀點時，你補充事實。比如：

對方說：「現在很多企業都爭著要擠上共享經濟的順風車，但這個車也不是好坐的。」

你接話道：「對啊，沒有必要強行套上『共享』的名頭。有的是真共享，有的是假共享。共享充電寶其實就是租賃嘛。」

對方給出了觀點，你用事實做了支撐。他的觀點是「大家沒必要都爭著擠上共享經濟的順風車，因為這個車不好坐」。你給了一個支撐事實，即「沒錯，共享充電寶就在強行借用共享這個名頭，其實還是在做租賃」。

注意，在陌生的環境中，對方在說觀點時會有些興奮，因為他拋出了一個看不見的繡球，想看看你是不是有緣接到球的那個人；同時，他也有些惴惴不安。你必須給出一個支持性的回覆，給他提供安全感。

再舉個例子。

對方說：「我覺得，其實安插商業間諜比搞研發更有效率。」

他提出了一個很大膽的觀點。你贊同與否並不重要，因為觀點本身不是最重要的，尤其在你們初次相遇的場合中。

如果你一上來就給出這樣的回應——「間諜？這件事太沒道德底線了吧」，那麼你雖然占據了道德高地，但這場談話也被你終結了。

你可以馬上補充事實，給他的觀點一個有力的支撐：「當年民主德國就用過這一招，在聯邦德國安插了大量商業間諜，並幫助他們在西門子、通用電氣、IBM（國際商業機器公司）裡步步高升。」

你若這麼聊，那麼對方一定會覺得很來勁。

你要多解釋，多支持，少辯論，少主張，因為這不是一個非黑即白的世界。千萬不要持「不容挑戰、不容爭辯」的姿態去聊天。我最害怕「批鬥式」的聊天者，每次都避之唯恐不及。

人與人初次相遇，「支持」對方的觀點會直接增進彼此的「信任」。初次交談時，雙方都不宜過於提高自己的存在感，你應該提高的是自己的理解能力和寬容度。與陌生人的微交談，是我們學會自我控制、同情他人的好機會。

其次，當對方列舉事實時，你應該為他歸納觀點。比如：

對方在吐槽自己的婆婆：「唉，我家搬新房子，怎樣裝修，買什麼家具，她都要插一腳，非逼迫我先生為她安置一個單人床；我兒子放學後，非要帶他去一個免費的課外培訓機構旁聽，我說不要去吧，她第一時間找我先生告狀。」

你歸納的觀點是：「對啊，婆媳關係就是一個謊言，三角關係才是真相。」

瞧，你用觀點有力地支持了她羅列的諸多事實。你不用評判誰對誰錯，只需要幫她歸納一下。你歸納的這個觀點可以很好地推進對話。接下來，你們倆可能會就如何建設三角關係展開討論。

再舉個例子：

對方在描述自己在職場上的遭遇：「當客戶不滿意的時候，我作為產品經理，發現和客服經理溝通起來真是難上加難。他想大事化小，小事化了，我卻覺得這個事件不能繞過去，要徹底解決。如果我出來領頭解決，他又覺得我好出風頭，還感覺自己受我擺布。」

你接話的時候，可以對這類在職場上頻繁出現的糟心事做歸納：「這就是橫向領導力，其實也是我們這個時代最需要鍛造的領導力。不知道你有什麼好資源來學習這種領導力嗎？」

你進行回應式傾聽，就像做對方的回音壁，不是一個簡單的鸚鵡學舌的回音壁，而是帶入了自己的理解和闡述的回音壁，你幫他說完了後半句。

第二個方法：提供氧氣，讓微弱的火花燃起來。

人的說話速度遠遠慢於人的思維速度。所以，傾聽者走神是一件很自然的事情。我教你一個方法，既不會讓你走神，又可以對談話起到推波助瀾的作用。

你一邊聽一邊想，他這樣說到底想表達什麼，也就是說，你給自己加一個思考任務——他說這個，其實是想表達什麼？比如，當對方熱情地問你「週末過得怎麼樣」時，他其實是想聊聊自己的精采週末。當你的大腦不斷地揣測他的弦外之音時，你就不會恍神了；而且，你還能成為一個真正的傾聽者。再舉個例子：

你說：「您的胸針真漂亮，在哪裡買的？」

她說：「是我兒子用領的第一筆薪水，在巴黎買給我的。」

你說：「原來是在時尚之都巴黎買的。」

這段對話看似流暢自然，可是我覺得還有提升的空間。對方說「是我兒子用領的第一筆薪水，在巴黎買給我的」，她自豪的是什麼？她為什麼不簡單地回答是在巴黎買的，而要提到兒子，還提到第一筆薪水？其實，她想和人分享的不是這個胸針，也不是巴黎，而是她與兒子的故事。你找到這個火花了嗎？

剛剛那段對話可以這樣進行：

你說：「您的胸針真漂亮，在哪裡買的？」

她說：「是我兒子用領的第一筆薪水，在巴黎買給我的。」

你說：「您真好福氣。我當年領第一筆薪水的時候光記得給女朋友買禮物了！您兒子在巴黎工作嗎？是什麼行業的？」

……

所以，我們在傾聽的時候，要不停地想「他說這些話，其實是想說什麼」，「我聽到他問的是這個問題，他為什麼會問這個問題」。

不要讓火花過早熄滅，給予它氧氣，讓它熊熊燃燒起來吧。

再來看一個例子。

你在某早教機構和一位媽媽閒聊。

你誇讚道：「你氣色真好，精力充沛，是經常鍛鍊吧？」

她說：「是啊，我一週去上三次瑜伽課。」

你說：「難怪啦，瑜伽最近很紅。」

這段對話也有提升的空間。對方透露了「一週上三次瑜伽課」的訊息，她真正想表達什麼？難道只是想說明自己是一個緊追潮流的人？當然不是。追趕潮流從來就不是什麼了不起的事情。

其實你可以這樣聊。

你誇讚道：「你氣色真好，精力充沛，是經常鍛鍊吧？」

她說：「是啊，我一週去上三次瑜伽課。」

你說：「一週三次！你真有毅力。我的健身卡總是用了第一個月就被擱置了。你是怎樣堅持下來的呢？」

……

你找到的火花是「她堅持不懈」。另外，你還可以這樣聊。

你誇讚道：「你氣色真好，精力充沛，是經常鍛鍊吧？」

她說：「是啊，我一週去上三次瑜伽課。」

你說：「一週三次！這個頻率單身女人大概能做到，對於媽媽們來講可實在少見。你是怎樣做到平衡家庭和自我的？」

……

你找到的火花是「她平衡生活的能力」。在正確的火花上供給氧氣，對方一定感覺更愉悅，更想和你把天聊下去。

再舉一個例子。

對方說：「我還挺喜歡研究烹飪的，週末的時候會試驗一些大菜。」

你說：「現在會做菜的女人很少了，真心享受烹飪的就更少了。烹飪是每個人都需要體驗的一門學問，遺憾的是現在很多人都沒有精力來研究。我相信，研究這門學問的過程能直接提升全家人的生活質量和幸福指數。你的家人很幸運！」

你找到的火花是「她帶領全家創造幸福的能力」。她會覺得和你說話很帶勁。

聊天中最容易犯的錯誤是，在忙著分享資訊、講述故事的過程中，忽略了對方——他今天來到這裡，心情平和嗎？情緒愉悅嗎？狀態自然嗎？

我們在花時間整理和輸出自己的資訊的同時，也應該及時捕捉對方釋放出的那些顯性和隱性的資訊。

令人遺憾的是，現在人們的傾聽能力越來越弱。因為社交媒體教我們的不是傾聽，而是有效傳播。我們在「讀人」方面沒有越變越強，我們修煉得更多的本領是「如何讓自己更閃亮」。朋友圈互相點「讚」的動作很多，有品質的留言卻很少。我參加的同學聚會，每個人都拿著手機，不是拍照，就是回短訊。可怕的是，在聚會禮貌中，甚至出現了不成文的「二人法則」或「三人法則」：大家默認，只要有兩三個人沒看手機，其他人就能心安理得地玩手機。在這種聚會文化下，沒有真正的交流。

如果你能始終用我介紹的兩種方式做回應式傾聽，那麼，你聰明與否、博學與否，都不重要。真正重要的是，對方忽然覺得，他說的話你都接收到了，而且理解得很準確，你就是他的知音。

## 將權杖賦予他

一方面，給出建議能提升建議者的權力感；另一方面，追求權力的人總是很喜歡提建議。

——《提出建議：通往權力的微妙路徑》

不同的心理學家都先後得出一個結論：人們都有提出建議的需求——獲得權力感。哪怕人們在提建議時不是為了追求這種優越感，但在提完建議後，人們也能輕易地感覺到自己更優越了。二〇一八年，在論文《提出建議：通往權力的微妙路徑》（Advice Giving: a Subtle Pathway to Power）中，新加坡管理大學的邁克爾．謝勒爾、南加州大學馬歇爾商學院的利．托斯特、歐洲工商管理學院的黃莉、哈佛商學院的弗朗西斯卡．吉諾，以及杜克大學的里克．拉里克用四組實驗同時證實了這個觀點。

我們不妨直接來看這個實驗結果：在交談中，主動將提建議的權力讓給對方。讓我們放低姿態，誠心請教。比如：

你問對方：「你來上海多久了？」

他說：「三年。」

你接著說：「我剛來，正在考慮要不要留下來呢。請教一下，你最喜歡上海生活的哪些部分？」

當他發現自己的經驗和看法受到了關注，他的參與度會更高。

再比如：

你問聚會上剛認識的一對夫婦：「你們結婚多久了？」

他們說：「十年。」

你接著說：「看到你們恩愛的樣子，我想取取經。雖然我還沒結婚，但我正在交女朋友。讓一段感情歷久彌新的秘訣是什麼？」

再比如：

你在某餐會上，你和旁邊的人搭話：「我看你吃得好健康，盤子裡都沒有肉。」

他回答：「我是素食主義者。」

你接著說：「哦，最近我也剛剛開始素食。請教一下，素食對你的生活有什麼改變？」

在放低姿態、誠摯請教的同時，你也延展了話題範圍，讓對方更順利地和你聊下去。

如果仔細研究我上面羅列的例子，你就會發現，為了讓對方更願意認真地提建議，我還做了一些自我坦露。一開始自報家門的時候，我說出了自己的身分弱點，這樣，對方提建議就是一件很自然的事情了。在上面的三個例子中，我的身分分別是剛來上海的居住者、沒什麼感情經驗的戀愛者、剛剛開始素食的人。

反過來，在談話過程中，如果對方把權杖賦予你，讓你提建議，這時，你需要注意什麼？你不要用「這個我也沒經驗」一把把人推開，這樣的回答很無趣。你可以大大方方地順著對方的好意，接過這把權杖。你只需要記住，在給他提建議的時候，也要給他一個褒獎。

比如，如果是對方請教我要不要留在上海，以及我最喜歡上海哪些地方，我在提建議的時候會適時地對他褒獎一番，他一定會感到很愉悅。我會先說：「我覺得你做了一個很明智的選擇。」然後說：「上海有很多可愛的地方，我最欣賞它在摩登繁華的一轉彎，就有市井百姓的生活。」

再比如，對於上文中那個請教婚姻問題的小夥子，我會給他一個建議——「培養一段長期的、共同的愛好吧」，然後再褒獎一下——「你這樣用心，一定會收穫好姻緣的」。

再比如，對於那個請教素食對生活的影響的人，我可以這樣建議：「素食讓我減了六公斤。」然後，用褒獎結尾——「對於你這樣苗條健康的人來講，素食會讓你更加精力充沛」。

在社交場合中，讓對方愉悅的方式有很多，我覺得誠心請教是一種最有意義的方式。我的兒子一旦做出了得意之作，一定會大叫：「媽媽，你看！」在我的微笑和讚美中，他小小的虛榮心得到了莫大的滿足。如果我追問一句：「這麼漂亮的東西，你是怎麼做出來的？」他會深吸一口氣，開始滔滔不絕地講述……

我們的一生，都在尋找媽媽的那份笑容和那聲讚嘆。

# 4 「三」的邏輯：展開核心交談

我相信你比我聰明，所以，我只和你說智慧的話。

——戴愫

人的大腦是用來感知秩序的。如果事情過於零散無序，大腦就會出現惰性，也就是說，說話的人如果沒有邏輯，對方就開始也不動腦子講話了。兩個無腦的人，會讓交談無趣且無聊。

有邏輯的表達，就是有邏輯的思考。但你也不用緊張，一場即興談話對邏輯的要求並不高，你只需要掌握一些簡單易操作的方法，就會讓人印象深刻。

我著重向你介紹說話「三原則」。你一旦掌握了簡單的「三」的邏輯，說起話來就會既有底氣和才氣，又不顯得自以為是或賣弄學問。

在古羅馬學校裡，為培養演說家、雄辯家，學生們會學到「三」的修辭學。「當我們用三句話或三個詞來論證時，可以創造出完整的、確定的和令人信服的錯覺」。比如林肯在蓋茲堡演說中提到的「The government of the people, by the people, for the people」（民有、民治、民享的政府）；凱撒大帝在小亞細亞澤拉城大獲全勝時，說的三個拉丁語單詞：Veni!Vidi!Vici!（我來了！我看見了！我征服了！）你看，當短語或句子成三出現時，很有節奏感和衝擊力。

在中國文化裡，「三」象徵「完整」。古人談到宇宙，是指日、月、星三光；談到一天，是指早、中、晚；談到一時，是指三刻。古人所稱的「三尊」，是指君、父、師。古人結婚要三拜，敬酒需過三巡，方算禮成。古人做事提倡「三思而後行」，這才是考慮周全。

如果在聊天的時候，你能圍繞「三」來推進，就說明你瞬間做了一次「完整」的思考。你是個聰明人，展示了令人肅然起敬的智慧——會用「三」的人，特別有邏輯。

回想一下，我們愛聽的故事是不是都和「三」有關？三打白骨精——如果只打兩次，不夠精采，如果打了四次，又太拖沓；另外，還有三隻小豬、劉姥姥三進榮國府、三打祝家莊、三借芭蕉扇、三顧茅廬……

「三」是最容易習得的有條理的說話方式。用「三」來鍛鍊自己的邏輯「肌肉」，練出肌肉的記憶效應——同一種動作重複多次之後，肌肉形成的那種條件反射，人體肌肉獲得記憶的速度十分緩慢，但一旦習得，其遺忘的速度就會十分緩慢。你一旦具備了說話的習慣性邏輯，想要突然失去邏輯也是很難的。

接下來，我會展開告訴你如何用「三」的邏輯讓葫蘆開嘴，「嘩嘩嘩」地倒出精采的語言。

## 扮演三次蘇格拉底，聊到核心

未經審視的人生，不值得度過。

——蘇格拉底 古希臘哲學家

古希臘著名哲學家蘇格拉底擅長用問題引出他人的思考和靈感，他的一個有魔力的問題——「為什麼，為什麼，為什麼」，有可能讓一次談話產生真正的意義，甚至讓對方重新認識他自己。

我建議你在對話中可以扮演三次蘇格拉底，展示自己強烈的好奇心，引導對話輸出成果。

當然，你發問的表達方式要多樣化，比如，除了「為什麼」，你還可以問「什麼的原因是什麼」，或者「我不太懂你的意思，能再解釋一下嗎」；同時，你要在發問中加入一些自我陳述，讓它不會變為連續的盤問。

舉一個例子：

我曾在北京參加一個商業峰會，與某位投資人進行了一次微交談。他看上去是一個內向的人，話語不多。說實話，我不太懂他的行業，我也有點緊張。於是，我想辦法把對話從嚴肅的商業往好玩的娛樂話題上靠。

我說：「晚上會議結束後，我準備去看皮克斯的動畫電影《可可夜總會》。」

他說：「你還沒看過啊？它一上映我就去看了。」

我有些驚訝，他這個大忙人說他一上映就看過了，我問：「為什麼你對這部電影特別感興趣？」

他回答道：「最近我對皮克斯製作的電影特別感興趣，上週在家裡休假，每天入睡前都選一部它的片子看。」

我覺得這個話題似乎可以聊下去，於是我繼續問：「我也喜歡皮克斯的電影，每部都想像力爆棚。你入睡前看，有什麼特殊原因嗎？」

他想了一下，說：「我發現看了以後可以治療失眠。」

這又是一個讓我驚訝的回答，我繼續問：「哦，真的？我很好奇，這些動畫片怎麼可以有助於睡眠呢？」

他思考了幾秒鐘，給了我一個讓我至今難以忘懷的回答：「嗯，有些成人世界裡打不開的結，在兒童世界裡找到了答案。」

我站在一旁，能觀察出他說完這句話後一副對自己的回答很滿意的表情。我相信，這個短短的對話讓他也難以忘懷。

用「為什麼」追根溯源，往往能推進你們彼此的瞭解，尤其是在聊到這幾個話題——人生中的某次重大轉變、人生路徑的某次轉折、某項事業的開端或終結——的時候。一旦遇到這幾個話題，你不妨嘗試著深入聊下去。

我記得有一次，當對方扮演蘇格拉底的時候，我聊出了自己內心最真實的聲音。

他當時半開玩笑地問：「很好奇你為什麼從國外回來？是因為愛國嗎？」

「哈，我挺愛自己的。」我也半開玩笑地回應。

「咦！此話怎講？」他追問下去。

對啊，我為什麼回國了？論住房條件、教育環境，國外其實對孩子是更好的選擇，那麼我回國是單純地為了照顧父母嗎？好像也不是。不是為了孩子，也不是為了父母，那可不就是為了自己嗎？

我說：「我不想在職場上受困於第一代移民的那個天花板。」

他繼續問：「為什麼？」

「嗯，讓自我價值最大化地實現吧。」這次的回答我接得很快，同時有暢快之感。我暢快於找到了自己內心的聲音，當自己無數次盤算著回國的得失之時，這就是最好的答案。那天我還意猶未盡地補充了一句：「哪裡有好機會，我就毅然決然地去哪裡，這就是我目前人生階段的行動指南。」

有人不喜歡社交，可能因為從來沒有人和他人聊到過本質、核心、真實的內容。會聊天的人，會在對話過程中引導出本質、核心、真實的內容。

我記得有一次和一位全職媽媽聊天。她名校碩士畢業，以前在職場上也春風得意，可有了孩子後，待在家裡做起了全職媽媽。

同樣作為媽媽，我對她的選擇很好奇。

我問：「冒昧問一下，你為什麼捨得辭掉工作？」

她坦率地說：「我其實也很猶豫，但實在找不到能幫忙照顧孩子的人。」

我關切地問道：「為什麼找不到呢？你父母、公公婆婆，保母都幫不上忙嗎？」

她想了想，說：「嗯……他們照顧不好。」

我馬上發現此處有話題，繼續問：「為什麼這麼說？我媽媽幫我照顧兩個孩子，我還是很放心的。」你注意到了沒有，為了讓她感覺自在，我做了自我坦露。

這位名校碩士媽媽思考了幾秒鐘，很篤定地說：「其實也不是照顧不好，不應該用『照顧』這個詞，應該用『教育』這個詞。他們的育兒理念和我不一致。孩子如果在育兒理念不一致的環境下成長，我日後再努力糾正，其實花的時間更多，還不如一開始就完全按照我的思路來育兒，反而會為我日後節約大量時間和精力。」

好一筆精明帳！我點頭稱是。她也露出得意的神情。

悄悄地告訴你，在我的課堂上，我特別期待那些能連續問「為什麼」的學員。他們往往能引發課堂上的一個小高潮。

我記得有一次提醒學員，要利用一切機會來操練商務寫作這項技能。有位學員就問我：「戴老師，為什麼？我們真的沒有時間來仔細推敲每封郵件該怎麼寫，工作本來就很忙了。」

我說：「因為商務寫作這項技能比你的專業技能更重要。」

「啊？我是憑專業吃飯的。」這位學員也問得很執著，「為什麼說寫作技能更重要？」

我回答：「寫作技能是職場人士一項必不可少的軟技能。」

他對我的這個回答顯然不滿意，繼續問出了第三個為什麼：「我知道軟實力很重要，但為什麼說它比專業技能更重要？」

這是一個我一定要好好回答的問題。我清了清嗓子說：「科技的發展將使你們這一代步入百歲人生。在漫長的歲月裡，專業技能會被更新迭代，甚至被顛覆，你們的職業選擇會不斷地改變，你們已經沒有所謂固定的人生劇本了。其中，健康和時間是你們最大的資本，軟實力就是你們最大的價值。所以，你們應該利用健康的身心，留出充裕的時間，去不斷地修煉自己的軟實力，為未來做準備。」

這個學員用三個「為什麼」，問出了我整個課程的意義。我很感謝他。

每一次對話，哪怕只有幾分鐘時間，你也有可以巧妙地將它轉化為一次讓對方思考的機會，或者轉化為一次自我拷問的機會。這就是微交談的意義。與陌生人相遇，不僅能發現一個新世界，還能一次又一次地用全新的視角看待自己早已熟知的那個世界。

## 時鐘加環球計畫，聊出哲學趣味

會思考的人思想急速轉變，不會思考的人暈頭轉向。

——克柳切夫斯基　俄國歷史學家

加拿大著名學者基思．司派瑟博士一九九二年出版的《駐足思考》獲得廣泛好評，中國的競越顧問公司把「駐足思考：瞬間整理思路並有力表達」這門課程引入國內，教大家如何瞬間整理思路，做清晰表達。快速、清晰，這不就是微交談的場景嗎？如果你正在讀這本書，我向你推薦這門課程。

在「駐足思考：瞬間整理思路並有力表達」這門課程中，有兩個方法給我留下了深刻的印象：時鐘計畫、環球計畫。它們指的是擷取三個時間點或地點，來快速整理思路的一種說話方式。

我喜歡這兩個方法有以下原因：

原因一：簡單易學；

原因二：借用上天視角，聊出了哲學趣味；

原因三：把抽象的概念轉化成了具體生動的談資。

比如，在和別人聊到我家那兩個調皮的小男孩的話題時，我常說：「他們倆每天都惹事。」短短的一句話顯得很單薄，於是我啟動了時鐘計畫：

在他們還不懂事的時候，我常常惱怒於他們做錯事情；

現在他們半懂事不懂事的時候，我經常琢磨的是為什麼他們會這麼做；

等他們懂事以後，我想我應該更多地琢磨「良」和「不良」到底如何界定。孩子通過抗爭父母，建立起所需的剛毅，不卑不亢地面對權威，成為一個性格強大、行為真實的獨立個體。這不正是我們希望的嗎？

在這一段話中，時鐘計畫體現在三個時間段：他們還不懂事的時候，他們半懂事不懂事的時候，他們懂事以後。

我還聽過有人這樣用時鐘計畫聊親子關係，著實讓我佩服。

六歲以前，父母是孩子的陪伴，伴他笑，伴他鬧；

七到十二歲，父母給孩子提供指導，讓他明是非，辨善惡；

十三歲到十八歲，父母要給予孩子尊重，尊重他的喜好和選擇。

這段話的時鐘計畫更明晰，它將孩子的成長歷程分成三個階段：〇～六歲、七～十二歲、十三～十八歲。這是不是讓你覺得聊得有智慧、有氣魄？

環球計畫則有場面延伸的恢宏大氣。比如，談到我生活的變遷，我經常這麼聊：

我在華盛頓住的時候，這個城市的沉穩大氣讓我學會怎樣掩蓋自身的鋒芒；我在新加坡住的時候，這個小國家的刻苦耐勞的氣質讓我也不自主地跟著努力奮鬥；我在深圳住的時候，這個帶著中國走向未來的城市讓我感受到前所未有的樂觀和大膽。

談到我的愛好，我也經常三次變換場景：

在家閒來無事的時候，我喜歡研究烹飪，做幾個大菜；在出差途中，我很享受一個人讀電子書的狀態；度假的時候，我會把自己帶回童年，和孩子們一起打鬧嬉戲。

又比如，聊到深圳的自然風光，我們可以這樣聊：

要想領略高山的百年棧道，你可以去梧桐山徒步；要想領略氣勢非凡的海岸線，你可以去東部世界最長的沿海棧道徒步；要想挑戰自己體能的極限，你可以走最難的三水徒步路線，做好準備翻越三十三個山頭。

再比如，對方恰逢二十歲生日，我們套用環球計畫來聊最合適不過了：

二十歲啦，你在中國很幸福。如果在馬賽，你今天必須捕獵一頭獅子回來；在衣索比亞，你要光著身子從牛背上跳過去；如果在尚比亞，你要跳進維多利亞瀑布游一圈。怎麼樣？今天要不要自我挑戰一下？

你看，我們的世界在時鐘計畫和環球計畫這兩個三稜鏡的折射下，錯綜複雜，熠熠生輝，讓人浮想聯翩。

這不禁讓我想到唐詩的美：

前不見古人，後不見來者。……

……大漠孤煙直，長河落日圓。……

著名作家蔣勳先生讚嘆，唐代詩人是用另外一種宇宙觀去看待生命的狀態的，有一種「時間和空間的擴大」。唐詩的獨特在於「原本定位在穩定的農業田園文化的漢文學，忽然被放置到與游牧民族關係較為密切的流浪文化當中」，它提升了中國人對美的感受。

距唐代一千多年之後的今天，時間和空間的座標軸被放到了最大，我們體驗到的是更為雄奇瑰麗的人生。何不聊出來？

## 三層洋葱皮，層層深入

你會發現自己對關於物質的膚淺話題絲毫不感興趣。漫無目的的閒聊很快就會耗光你的耐心，但你卻很樂意與人進行有深度的溝通。

——伊麗絲．桑德　丹麥著名心理治療師

有些人很擅長通過微交談和他人建立深層次的聯繫，不管是在何種情境下，對象是誰。不同的情境和不同的對象會構成不同的挑戰。然而，在種種不同之中，我發現了某些可循的模式。

會微交談的人，善於抓住機會讓交談更加深入。最常用的方法就是：逐層剝洋葱皮。怎樣逐層剝呢？資訊、觀點、感受，逐層往裡剝。這個方法很容易將對方自然地帶入一場深入的溝通。如果越談越投機，那麼兩個人可能都會一反常態地一見如故，聊出赤誠心聲，聊出人生悲喜。

我們來研究一下這三層洋葱皮。

資訊：在社交中，資訊是敲門磚。以詢問資訊或提供資訊的方式來破冰，雙方都有安全感。簡單的破冰話語有「今天真冷啊」、「味道怎麼樣」、「你等了很久了吧」、「看這樣子，可能要下暴雨了」等等。

觀點：經過交換資訊的階段後，雙方就會進入交換觀點和感受的階段，在這個階段能與對方建立信任。我們每天都處於資訊的狂轟濫炸中，如果能從資訊中形成清晰的觀點，就會顯得彌足珍貴。尤其是，當你的觀點和主流觀點不一樣，且沒有冒犯對方時，這是一種巨大的社交能量。

我記得丹麥著名的心理治療師伊麗斯．桑德介紹過一種「角色層次」的對話方式，也就是根據自己某特定角色來展示自己。

比如，你作為幼師給出育兒的經驗：「孩子哭鬧時，我認為最好的方法既不是置之不理，也不是呵斥他停止，只要靜靜地過去抱抱他就好。」

又比如，你作為計程車司機提供關於出行的看法：「我和你說句實話，你晚上能不叫車就不叫車，因為司機白天開了十多個小時的車，到了晚上，都是疲勞駕駛族。」

善於微交談的人，會尋找一切時機從資訊切換到觀點。談論「排隊」這個資訊的時候，他會說說「這次活動怎樣可以更吸引人」；談到「交通」這個資訊時，他會談談「這幾年城市建設的變化」；談到「狗」這個資訊時，他會聊聊「自己對不同寵物的研究」。

感受：指愛與憎、情緒、感受。能否與他人做一次情感豐沛的交談，可能是人與人工智慧最大的差別。以色列歷史學家尤瓦爾．赫拉利在《今日簡史》中提到，沒有理由相信人工智慧會獲得意識。顧名思義，人工智慧擁有的是智慧，也就是分析、解決問題的能力，但它們不具備感受痛苦、快樂、沮喪、失望、憤怒和愛的能力。

尤其是在和中國人社交的時候，你更可以試探性地進入對方的內心。為什麼？別忘了，本書最開始就提到，中國人的文化是椰子文化。對於椰子型人來說，只要你身上的陌生人標籤被撕下，你就能立刻進入他的椰子殼內部，這個空間是屬於自己人的空間，又大又柔軟，彼此界限模糊，大家幾乎什麼都能聊——因為是自己人嘛。

這大概也是有些中國人討厭無效社交的原因。從文化上來講，椰子型人只願意和自己人聊天。他們覺得社交式的聊天過於浮華。他們希望從一次對話中獲得新的視角、新的觀點，更棒的是，能和對方交心。當一次微交談結束後，如果你還在他的椰子殼外，那麼這說明你只和他交換了一些簡歷式的資訊，他會覺得這是一次無效社交。

所以在聊天中，你應該重點抓住他透露出來的某些私人資訊，用這些資訊將對話由商務交談變為私人交談，把你們的關係從公司與公司的公務交往，轉化成個人與個人的交情。同時，你也可以說些只會和自己人說的話，這樣將迅速拉近你們的關係。

當然，我說聊一些內心的話，不是要你過於掏心掏肺，用情感去綁架對方，而是視時機把握好「度」，保持本真，釋放本真。比如：

有一次，我在客戶的人力資源辦公室裡與她交談，她桌上擺著全家福的照片，我稱讚道：

「你家寶寶長得好有靈氣，你看上去真的不像有兩個孩子的母親。」

這句話，就是我在用「冷讀者+熱捧者」的身分拋出資訊。我觀察出她是有兩個孩子的媽媽，並且既讚了她孩子的靈氣，也讚了她本人的年輕和精力充沛。

她笑道：「兩個搗蛋鬼，一個六歲，一個八歲。」

我接下去說：「我家也是兩個孩子，昨天我還在和我先生商量，暑假是出去旅遊，還是給他們多報幾個才藝班。你的孩子上才藝班嗎？」

瞧，我在用「說、問、說」三部曲推進對話。我不是直接發問，而是在問話之前做了一些自我陳述。我的這個問題——「你的孩子上才藝班嗎？」——將對話引向資訊層面。

她回答道：「他們上才藝班。姊姊上英文和芭蕾，弟弟上英文和跆拳道。」此時，她給了我一些獨屬於她的資訊，這是我進入觀點層面的好機會，為了讓她感覺舒服，我需要在資訊層面多醞釀一下，也就是說，多交換點資訊。

我接著說：「對，我們也選了英文才藝班，小孩子在語言敏感期多接觸英文總有好處。」

她顯得很驚訝，說道：「戴老師，你英文這麼好，還用得著讓孩子上才藝班嗎？」

我說：「唉，我教他們，他們根本不配合。你是怎樣看待孩子上才藝班這件事的？」你聽出來了嗎？我把對話往觀點層面深入。

她給出了一個不俗的觀點：「我認為，只要找到好老師，讓孩子愛上學習，就是一件好事。」

我很感謝她如此認真地投入我們的交談中，我興奮地附和道：「完全贊同！『能否找到好老師』比『該不該上才藝班』更重要。嗯，我不知道別的媽媽怎樣，我自從有了孩子，多少會有焦慮，怕自己犯養育上的錯誤。你呢？」

我相信你已經聽出來了，當我詢問對方是否焦慮時，把對話導向了最深層面——感受層面。

如果對方是一個社交主動的人，或者你們倆志趣相投，雙方可能會很快跳過資訊層面，進入後兩個層面，即觀點和感受層面。友誼，都是在觀點和感受層面上培育出來的，剝下洋蔥皮以後呈現出的洋蔥心，就是友誼。

按剝洋蔥皮的三層順序逐漸深入交談，說不定你們都會讓對方有意外收穫，你們都會在對話結束之後能量滿滿。

最後提示一句，在談感受的時候，你是否有過沉默？沉默是感受的擴音器，能把你專注投入的情緒擴大，傳遞到對方那裡。同時，沉默還能產生一種黑洞吸引力，將人吸引到你營造的交流氛圍中。

## 什麼—為什麼—如何的表達方案

延展的思維方式可以使我們擺脫「永遠不夠用」的焦慮，它能讓我們明白，我們用當前擁有的東西就可以實現不凡的成就。

——史考特・索南辛《讓「少」變成「巧」：延展力：更自由、更成功的關鍵》作者

美國戰略顧問史考特・索南辛建議我們將追逐心態切換成延展心態，也就是說，不盲目追求新資源，而是垂直發力，將已有的資源開發到極致。他認為，這樣做能激發我們的創造力。當注意力分散到很多資源上時，我們的創造力也隨之分散了。但是當我們聚焦在某一點上時，創造力在高度聚焦的情況下被激發了；再加上自我設限，創造力便會噴薄而出。

我發現，將這個思維習慣帶到微交談中非常合適。微交談並不意味著兩個人要盲目地四處尋找新話題，此時正在談的這個話題說不定就是最合適的。你將這個話題聊到極致了嗎？為了激發創造力，你可以聚焦在此時的話題上。為了鼓勵創造力，你還可以自我設限：用「什麼—為什麼—如何」（what-why-how）的方案來聊這個話題。

「什麼—為什麼—如何」的表達方案，能幫你深度挖掘任何話題的趣味與豐富。

什麼：這個東西是什麼，把它說透。

為什麼：為什麼要這麼做，給出原因。

如何：怎樣做到，給出方法。

比如，我和對方聊到開放式廚房：

他說：「我家這段時間正在搞裝修，這次嘗試一下開放式廚房。」

我接著話頭說：「開放式廚房是不是一定要有那種中島？」——這是從「什麼」的方向聊。

他說：「也不一定，只要餐桌和廚房之間沒有阻隔，就是開放式廚房，我們家就沒有弄中島。」

我用「說、問、說三部曲」將對話繼續進行下去：「我喜歡開放式廚房帶來的空間感，房間立刻明亮了。你們也是出於同樣的原因嗎？」——這是從「為什麼」的方向聊。

他笑著說：「我們的原因可能有點奇葩。我太太說要改變我們的飲食結構，少煎炸，所以我們做個開放式廚房，這樣不得不少煎炸。」

我哈哈大笑，請教他：「根據您這次的裝修經驗，做開放式廚房要注意什麼呢？」這是從「如何」的方向聊。

他認真地說：「抽油煙機很重要，那些嫌開放式廚房油煙大的家庭，都沒有買到大功率、大吸力的抽油煙機。另外，把廚具都換成無煙廚具吧。」

什麼—為什麼—如何的表達方案，尤其適合你突然被叫起來發言的情景。此時，你完全即興，腦子裡一片空白，說什麼？不用慌，你只需要找到現場的主題，圍繞這個主題說出什麼—為什麼—如何來，一定精采。

我來給出幾個典型的即興說話的情景，陪你多操練幾遍。

場景一：你出席朋友的婚禮，被邀請做祝婚詞，現場主題是婚姻。你可以這樣對新人說：

有人說婚姻是找到那一雙最合腳的鞋，有人說婚姻是將兩人結合的一把鎖。我覺得婚姻是一所學校（以上是什麼）。在這所學校裡，兩人不斷修行，協同進步。這也是為什麼人們選擇結婚。婚姻能培養美好的人格，讓人懂得更美好地去愛，去生活（以上是為什麼）。我自己八年的婚姻經驗，總結成一句話送給新人：永遠選擇去感知美好，寬容混亂和無序（以上是如何）。

場景二：在團體活動中，主管讓你站起來說幾句話，現場主題是團隊。你可以這樣對其他團隊成員說：

1+1=2，不是團隊；1+1>2，才是團隊（以上是什麼）。其實我們就像一窩螞蟻。螞蟻單獨出行，沒有絲毫戰鬥力，但眾蟻同心，其利斷金（以上是為什麼）。牠們怎麼做到的？從蟻后到工蟻，分工明確，各司其職，忠誠堅韌，我相信這也將成為我們團隊的品格（以上是如何）。

場景三：在同學會上，你被邀請講話。現場主題是同窗情。你可以這樣對同學們說：

我們曾一起寒窗苦讀，也一起憧憬未來，如今一聲聚會招呼，大家都回到了這裡，這就是同窗情（以上是什麼）。生活遇到風浪的時候，有同學們的守望相助，我也不會覺得孤單（以上是為什麼）。不管什麼時候，不管走到哪裡，我們都要記得多問候，多交流，呵護這份難得的純真情誼（以上是如何）。

場景四：在客戶答謝會上，主持人請你講話，現場主題是客戶關係。你可以這樣對在場的客戶說：

我們公司的目標是，建立大規模個性化的客戶關係（以上是什麼）。大規模和個性化，聽上去好像是一對相悖的概念，但憑藉時代為我們創造的技術條件，我們能做到（以上是為什麼）。我們不會再依賴於廣告或抽樣調查來和大家建立聯繫，我們將通過不同的社交媒體管道和大家溝通。你需要什麼，反感什麼，喜歡什麼，我們隨時隨地都有方法知道。我們會把這些大數據全部轉化為客戶滿意度，相信我們，我們能做到（以上是如何）。

場景五：在家長會上，老師邀請你發言；現場主題是教育。你可以這樣對在場的老師和家長們說：

我很認同非洲大陸上廣泛流傳的一句諺語：It takes a village to raise a kid。直譯過來就是，養大一個孩子，需要全村的努力（以上是什麼）。調查表明，有百分之四十的父母在生了第一個小孩的最初兩年，幸福感急劇下降。在座的每位家長在教育孩子的過程中都曾有過挫敗感。如果我們意識到，養大一個孩子，需要全村的努力，我們就會停止焦慮（以上是為什麼）。在現代生活中，這個村莊就是朋友、鄰居、學校。所以，父母和老師之間的溝通至關重要，非常感謝學校組織的這次家長會，給我們提供了寶貴的溝通管道（以上是如何）。

有了什麼—為什麼—如何的表達方案，你不用擔心沒有新話題，或自己的語言匱乏，它能激發你在已有話題上的表達靈感。臨場發揮時，你即使只採用其中的一兩個要素，也會感覺有如神助。

## 「三要素膠囊」，全方位無死角

世界是包括一切的整體，它不是由任何神或任何人所創造的，它過去、現在和將來都是按照規律燃燒著、按規律熄滅著的永恆的活火。

——赫拉克利特　古希臘哲學家

古希臘哲學家赫拉克利特所指的這個世界有各種規律，等著我們去探索、去挖掘。向你透露一個秘密，我在研究「如何進行微交談」時，發現了這樣一個規律：任何一個話題，都能把它裝在三要素膠囊裡呈現。這可是全方位、無死角的三要素。你如果不小心拆分成了四個要素，就去掉那個最不重要的。你如果只拆分出兩個要素，請不要繞過去，繼續思考，你還可以想出那個同等重要的第三個要素。

你不信？我們試試看。比如：

聊到單親家庭是否對孩子的成長有影響，你能不能嘗試拆分出三個要素呢？

有兩個要素你可能很容易想到：情感和經濟。離婚後單親父母和孩子的情感交流是不是受到了影響，以及孩子成長所需的經濟條件是否充裕。還有別的要素嗎？你再放寬視野，看看大環境，也許你可以找出第三個要素：社會環境對單親家庭的孩子是否寬容；或者你再往前走一步，走到這個孩子的心裡，那麼第三個要素也可以是，孩子自己對父母離異是否抱有偏見。

至於選取哪三個要素，完全由說話者決定。觀點無所謂對錯。微交談，不是論文答辯，不需要滴水不漏的邏輯，只需要順理成章的邏輯。

再比如，聊到對美髮師的選擇，你能不能試試三要素的標準呢？

我選擇美髮師的標準有三個：一是他的性別，我相信異性的審美更準；二是他個人的造型；三是他的從業時間要超過三年。如果只盲目地相信美髮店品牌本身，而不落實到具體的美髮師，那麼你在剪完頭髮後，經常會後悔不已。

不管追求的是下里巴人，還是陽春白雪，會說話的人都會使用三要素法。

先舉一個下里巴人的例子。

我在四川生活的時候，光顧過一家擔擔麵小鋪。這家店生意興榮，小店老闆是個會「擺龍門陣」的人。

我一進門，他就用四川話向我介紹：「我這個麵，絕對正宗。你就看三點，肉臊、紅油、麵條。第一，肉臊五成肥五成瘦；第二，紅油五成麻五成辣；第三，麵條一定用鹼麵，有鹼香。」

我讚嘆道：「哇，小小的一碗麵條，這麼多講究。」

此時，他眼裡閃過調侃的神色：「要吃三碗。一碗只能解饞，兩碗才能品出真滋味，一定要三碗哦，三碗才夠麻辣過癮哦。」

如此會聊天的老闆，生意能不好嗎？

再來聽幾個陽春白雪的例子。

著名學者余秋雨在發表見解的時候，也經常使用三要素法。在考察三大文明發源地之後，他指出，形成文明的要素有三個：文字、金屬冶煉、城鎮化。談到中國傳統文化，他將普洱、崑曲、書法列為中國傳統文化的三大極品，還特意把這三大極品的次序做了一個闡釋——先奉上一杯好茶，再聽一些曲子，最後以筆墨收官。

我在向外國人介紹中華文化的時候，也經常用余秋雨先生的「三個道」：第一個是君子之道；第二個是禮儀之道；第三個是中庸之道。在人格模式上中華文化普及了君子之道，在行為模式上中華文化普及了禮儀之道，在思維模式上中華文化普及了中庸之道。這「三個道」可以說人所共知，千年不變；而且，平心而論，世界其他文明很難模仿，很難有直接對應的東西能模仿我們這一切。

培根說：「閱讀使人充實，會談使人敏捷，寫作使人精確。」

柏拉圖說，音樂是「教養的和諧，靈魂的完善，激情的中和」。

# 5 信任與結交：交換價值

人脈其實是一種「相互支持夢想」的關係，可以幫助雙方更接近夢想，豐富彼此的人生與人際關係。不能為你帶來正面幫助的人，不能稱作人脈，最多是萍水相逢的人而已。

——《社交的技術》

人類學家指出，所有社會都是由不同階層構成的，而所有社會行為都是一種互惠行為。在社交中，信譽指的就是你是否值得我信任，值得我結交。協同信譽，指的就是價值匹配。

和陌生人微交談，就是廣撒網、精篩選的過程——篩選出那些我能幫助的人，以及能幫助我的人。在微交談中，你要不斷地問自己：「我值得你認識嗎？你也值得我認識嗎？」如果這兩個問題的答案都是「是的」，那麼你們的價值便匹配上了，這成了你們日後深交、相互合作的基礎。社交中的互動，實質上就是交換彼此的價值，讓彼此的人生過得更好。

首先，我們來分析「我值得你認識嗎」。

美國社會心理學家馬修．利伯曼曾用音樂DJ舉例，來說明在社交中選擇向對方提供何種資訊很重要。他說DJ的工作相當了不起。面對數不盡的音樂——各種流派、各種風格應有盡有，一般人根本不知道如何篩選。DJ們花費大量的時間對這些海量音樂進行過濾，他們用耳朵去聽，用心去體會，用大腦去判斷，然後在適當的時間為特定的顧客奉獻合適的音樂。普通人聽音樂主要為了個人享受，DJ聽音樂則是為了搞清楚哪些人能夠與他們分享這些音樂，以及怎樣才能最有效地與他人分享音樂。

把這個道理應用到微交談中就是，普通人聊天是交流資訊，而會聊天的人是一位資訊DJ，他知道哪些資訊值得與哪些人分享，這樣才能實現最有效的資訊分享。比如：我在和一位單身女人聊天時，不會聊自己的孩子有多可愛，而會分享最近的健身或SPA（水療）心得；我在和一位創業者聊天時，不會聊辦公室政治，而會分享某些商業創新的方向。

一位會聊天的資訊DJ，不是展示自己有多麼能幹，而是展示自己對對方有多麼「有用」。

我們不僅要懂得挑資訊，還要懂得挑人。所以，其次，分析一下「你值得我認識嗎？」

在微交談中，我們不僅要觀察到對方的特質，還要有本事從不同角度去判斷和詮釋這些特質的價值。

比如，對方從事與心理學相關的行業，他的這個特質也許可以從不同方面幫到我：

在工作中，我正在從事的跨文化研究中就有一個板塊是怎樣戰勝「不背離自我」的心理屏障；在生活中，我那不成熟的育兒理念是不是可以用心理學的成果來完善；在我交的朋友中，有一個正在做產品開發的人，說不定他們倆有合作機會。

接下來，我分別圍繞「我的價值，我知道你知道我知道」，以及「你的價值，你知道我知道你知道」來闡述。

## 傳遞我的價值

面對面的互動，能激發人們的利他之心。

——蘇珊．平克　加拿大著名發展心理學家

想想看，一個在線上通訊軟體裡向你求助的人，和一個面對面向你求助的人，哪個更能引發你的惻隱之心？與電子虛擬人像的互動，遠遠比不上和一個站在你面前有血肉之軀的人之間的互動。

社交中有條規則：不增加價值就不索取——在不能給他人帶來價值的時候，就不索取價值。所以，在初次相遇時，你是否能準確地傳遞出自己的價值，將會在很大程度上決定你在他未來生活中所扮演的角色——你是他認識的朋友，還是匆匆過客。

那麼，我的價值是什麼？

有些人能夠深刻地把握自我，對自己有細緻入微的分析與判斷，並知道自己想要什麼。與這些人交談，是令人難忘的事情。

在我的課堂上，我常常會問學員：「你是哪方面的專家？」很多人聽到這個問題感到很緊張。我進而用奧斯卡．王爾德的話解釋：「你們不用緊張，專家就是走出家門給人提供建議的普通人。想想看，周圍的人經常找你諮詢或幫忙解決哪方面的事情。比如，人人都找你諮詢旅遊攻略，或找你解決電腦難題，或請你推薦好用的化妝品，或請教你怎樣做某道菜。」

找到自己的特長，這是我們一生要做的功課。假如你實在找不到特長，怎麼辦？那你就找到自己的一個特質，然後借助多元化資源，將這種特質引導成一種才華。

美國研究兒童注意力缺失症的專家愛德華．哈洛韋爾舉了一個例子。上小學一年級的路易斯有閱讀障礙，讀書寫作都跟不上班級裡的其他同學。但這個可能患有兒童注意力缺失症的孩子很愛講話，於是學校建議他的家長買個錄音機給他，讓他錄下自己講述的故事。一個月內，路易斯已經能寫一本五頁厚的兒童小說了。

他進而指出，所有個人特質或興趣都是有價值和有意義的，都是可以轉化為合法的、安全的行為的。比如，你哪怕愛打電子遊戲，也可以成為專業的遊戲玩家，或學習設計遊戲的軟體。

由此可見，個人興趣特質的背後蘊藏著巨大的市場價值，也孕育著偉大的事業。我見過家庭主婦開設的烹飪部落格吸引了上百萬名粉絲，我也見過非常成功的職業遛狗師、職業旅行家、職業試吃員。

找到自己的特長以後，下一步是如何將它展現給對方。下面，我給你列出不同版本的展示模板，它們的長度不同。

## 一句話版本——易於傳播

大家都變得越來越忙，也越來越沒有耐心。這是一個大夥兒都沒有時間和耐心透過現象看本質的時代。

如果用一句話在社交場合做自我介紹，你會說什麼？這句話不僅要簡潔明瞭、易於傳播，還要突出你的最大特色。我們可以從以下幾個角度來做準備。

第一，具有正能量。

趨勢專家、暢銷書作者丹尼爾．品克在《驅動力》一書中向讀者提了這樣一個問題：你的那句話是什麼。這源自一九六二年美國國會的第一批女性成員之一克雷．布斯．盧斯向時任美國總統約翰．甘迺迪提出的建議：「一個偉大的人，就是一句話。」

亞伯拉罕．林肯：維護了統一，解放了奴隸。

富蘭克林．羅斯福：把美國人從大蕭條中救了出來，幫助美國贏得了世界大戰。

屠呦呦：利用現代科技和中醫經驗，首創了造福千萬人的抗瘧治療的新療法。

這句話不僅能激勵你的熱情，讓你永保初心，還能讓別人快速地瞭解你。

第二，具有辨識度。

這句話不一定在任何人身上都適用，卻會讓人難以忘記。比如，「改變世界」這句話就沒有辨識度，更好的說法是，「我參與研發的馬桶能改變殘疾人的世界，讓他們獨立生活」。

再比如，「我擅長做最健康的美味」就沒有辨識度，更好的說法是，「我擅長做最健康的美味，包括用『水』烤羊肉串」。

再比如，「我喜歡旅遊」就沒有辨識度，更好的說法是，「我擅長做旅遊攻略，我可以幫你買到三位數價格的去歐洲的機票，以及訂到三位數價格的五星度假飯店的房間」。

想想看，你的名字、出生地、性格、職業、愛好、生活習慣有什麼特點，你能不能為這些特點增加一些戲劇感。我舉一些例子：

一般的說法是：「我叫李嘉敏，是李嘉誠的朋友，李嘉欣的弟弟。」

精采的說法是：「我叫李嘉敏，是李嘉誠的朋友，李嘉欣的弟弟，有李嘉誠的慷慨，沒有李嘉欣的顏值。」

一般的說法是：「我比較『宅』，參加今天這樣的活動確實很少。」

精采的說法是：「我是『深度宅』，我老公叫我『居里夫人』，出門次數以月為單位計算。」

一般的說法是：「我是形象設計師。」

精采的說法是：「我是形象設計師，你站在我面前的這一分鐘裡，我腦海裡已經為你換了三套服裝了。」

一般的說法是：「我是上海人。」

精采的說法是：「我是上海人，那個男女比例1:4的地方，所以你知道我為什麼一畢業就第一時間離開那裡了。」或者，「我是上海人，我們家就在延安高架旁邊，延安高架那根神秘的龍柱您聽說過吧？」

我經常這樣介紹自己的名字：「我叫戴愫，不是幾何，是代數。」如果僅僅這樣說，那麼效果不會很好，所以我會補充後半句：「但我代數學得很差，遇到代數，真的就die soon（完蛋）了。目前只好在文科領域苟延殘喘。」

我介紹自己是哪裡人的時候，經常這樣說：「我是湖南人，出革命家的地方。我們做什麼事都很霸道的。」

「你是誰」，這是每個和你交談的人都想知道的。如果你的答案不能給他留下任何印象，那麼你在他的人際交往圈的第一輪篩選中就會被篩出去。如果你的一句話自我介紹有正能量，有辨識度，那麼你就成功地留下了社交足跡。如果有個成功的自我介紹，那麼你自然也不會那麼緊張了。所以，一定要好好準備，這樣的自我介紹設計一次，使用終生。

## 十秒鐘版本——我要謙虛地告訴你，我很厲害

雙方初次見面的自我介紹，其實就是自己做自己的公關人。而公關人的工作本質上就是在感知和現實中建立一種邏輯關係。

美國著名公關人霍華德．布萊格曼指出：「你只要稍微思考一下，就能知道這種邏輯關係其實只有三種可能性：公眾對你的感知要好過現實；公眾對你的感知不如現實；最理想的情況就是，兩者平衡。」

由此可見，發揮公共關係功能的開場不宜有太多的自我吹噓，以免引起對方的反感，但也不要過於謙虛，你也需要讓對方覺得你有價值，人們喜歡和優秀的人結盟。那麼，如何保持平衡？你可以採用「麥穗+向日葵」版本。

謙虛的麥穗總是低著頭，因為它沉甸甸的。而向日葵總是高高仰起頭，迎接陽光的照耀，這樣它會更燦爛。所以，「麥穗+向日葵」版本，就是先抑後揚，先謙虛一下，誠懇地說出自己的弱點，再來一個巧妙的轉折，點出這個弱點給我帶來的真正優勢——陰和陽實現完美轉換。

比如，你可以說，「我是做室內設計的，我從事這個行業只有三年，經驗有限」，

注意，轉折來了，「但是，這三年，是我將其他行業經驗融入產生靈感最多的時期」。哈，缺點迅速變成優點。

再舉一個例子，你可以說，「我在經營一家管理諮詢公司，我們公司是家小公司，業務規模不大」，注意，轉折又來了，「但是，因為沒有冗長的流程和森嚴的等級，我們在為重要客戶提供客制化服務方面具有高度靈活性和專業性」。

記得錘子手機的創始人羅永浩在自我介紹時是這麼說的：「我想我多半看起來像個怪物，高中畢業，不敢考數學，居然要來做教師。但是我到新東方應聘不是來做教師的，我是來做優秀教師的。」

自嘲加自誇，集謙虛和驕傲於一體，讓對方既感受到了真誠，又看到了實力。也就是說，你要初步展現出自己是一個溫度和能力兼備的人。恭喜你，如果這個版本準備得好，他對你是幹什麼的可能不會有那麼深刻的印象，但對你是一個什麼特質的人一定會有十分深刻的印象。

## 一分鐘版本——三層洋蔥皮，層層深入

在微交談時，你的職業和愛好會被經常問到。你不要做簡歷式的敘述，那樣會顯得你相當無趣。還記得三層洋蔥皮聊天法嗎？逐層剝洋蔥皮：資訊、觀點、感受。

在一分鐘內講三句話，逐層剝下洋蔥皮。以下模板可供參考。

**職業版：**

我從事＿＿＿＿。我走上這條職業道路，是因為＿＿＿＿。這個工作最有意思的是＿＿＿＿。我感覺＿＿＿＿。

**愛好版：**

我愛好＿＿＿＿。我喜歡＿＿＿＿，是因為＿＿＿＿。

這個愛好最吸引我的是＿＿＿＿。我感覺＿＿＿＿。

**特長版：**

我擅長＿＿＿＿。我精通＿＿＿＿，是因為＿＿＿＿。

這個特長最大的好處是＿＿＿＿。我感覺＿＿＿＿。

當然，很多人的職業、愛好和特長是重疊的，那真是太幸福了。

我用我自己的經歷來套以上這些版本。

**職業版：**

版本一：我從事企業培訓。五年前，我發現自己並不熱中於往上爬那個職業階梯，我喜歡培養團隊。過去我在公司裡培養團隊，現在我做的這個職業把這個平臺擴大了很多倍。我想做那個砸向學員腦袋上的蘋果，開啟他們新的認知。我感覺這是一份能把我的自我價值最大化的職業。

版本二：我是從事企業管理諮詢行業的。說白了這個工作就是幫企業治病。這個工作有意思的是，企業客戶請我們的時候，實際上是在呼喚「我需要你，但也不要讓我覺得自己技不如人」。所以每天，我就是走入形形色色的企業，大膽地帶領企業員工開啟新思路，並讓他們感覺到一切功勞歸他們自己。這件事給我很大的成就感。

版本三：在談到我更早的經歷時，我有時會這樣說，我大學畢業後，曾在中山大學執教一年，後來我想嘗試另一種體系的教學，我去了新東方。我們當年那一批老的新東方老師，是真的在絕望中尋找希望。這個信念直到現在還在影響我。

## 愛好版：

版本一：我喜歡讀書。不管去哪裡，我都喜歡帶本書。我從小就喜歡看書。因為現實生活實在過於平庸，書能讓我把一輩子活成好幾輩子。我感覺書和我建立的關係，比電影、電視更親近、更私密。

版本二：我愛好遛狗，一有時間，我就會帶著小狗一路撒歡。有時候，狗會把我帶到這個城市裡我自己從不會去的地方。因為狗，我有機會和更多人交談，有機會深入感受城市生活的氣息和節奏。

注意，上面這些範例的最後一句話都是在談內心感受，這就變成了動人的故事。在前面我提到過，當雙方在談感受時，他們已經跨越了寒暄套話範疇，有了最深層次的連接。

## 五分鐘版本——成長的故事最吸引人

世間最有吸引力的故事，便是成長的故事。童話裡，皮皮魯、魯西西天馬行空地快樂成長；神話裡，索爾最終從頑劣的鍾神成長為為北方榮耀而戰的雷神；武俠小說裡，郭靖從菜鳥成長為一個不僅可以拯救他人，而且能自我救贖的頂尖高手；言情小說裡，紫菱從活潑討喜的可愛女孩，成長為一個懂得真愛，並能把握真愛的女人。

每個人的人生歷程，都是一部成長的故事。怎樣講述這個濃縮版的迷人的五分鐘人生故事？

我很喜歡臺灣四也童書出版社總編輯、新北市大河文化協會副理事長許榮哲介紹的「努力人公式」和「意外人公式」。所謂努力人，就是指一個人在一個方向上持續努力，獲得成長；所謂意外人，就是指一個人在一條賽道上走著走著遇到阻礙，果斷地切換到另一條賽道上，他同樣也獲得了成長。

努力人公式有四個步驟：目標↓阻礙↓努力↓結果。西遊記就是一個努力人公式。

師徒四人的目標是去西天取經，沿途遇到八十一個阻礙，他們齊心協力，一路降妖除魔，最終化險為夷，抵達西天，取得真經。

意外人公式也有四個步驟：目標→意外→轉彎→結果。蜘蛛人是一個意外人公式。高中生彼得．帕克父母雙亡，被伯父伯母收養，在學校裡是一個書呆子，害羞內向，被同學捉弄欺負，外號是「微不足道的帕克」。突然，他的人生因為一次意外出現大逆轉，他被一隻受過放射性感染的蜘蛛咬傷，從而具備了超能力，最後成長為一個打擊犯罪的超級英雄。

讀完這兩個故事後，你想想，自己的人生會走哪條道路。

這個成長的故事不僅僅停留在現在，你還可以預言未來——你未來的成長路徑，你未來想到達的那個終點。我很喜歡《連接時代：激發潛能、搞定大事的連接思維》這本書裡反覆提出的一個問題：「如果你可以利用和你有過郵件往來或通過社交媒體及其他方式能夠聯繫到的所有人的力量去增加你的理性和感性認知、智商和EQ，你會做什麼？也就是說，如果你可以做任何事情，你會做什麼？」這個問題的答案就是你未來的成長終點。

如果當時的情境是你有時間有條件說出一分鐘版或五分鐘版的故事，那麼，能不能把你的敘述分解成幾個問題，邀請對方分享他在你這個領域裡的經歷？這樣會更有協同互動的效果。所以接下來，我們談一談講述的技巧。

講述的技巧：你的厲害和他有什麼關係。對方可能並不關注你有多麼厲害，他關注的是，你的厲害和他有什麼關係。

不管你正在做什麼，你做的事情一定影響著這個世界，而且一定會產生收益。收益類型大致分為三種：

第一，解決問題。比如，汽車修理工的職責是診斷及更換廢舊零件，讓汽車恢復安全性。

第二，預防隱患。比如，中國檢驗認證（集團）有限公司（簡稱CCIC）海關檢驗鑑定員的職責，是將不合格的進口商品攔在國門外。

第三，追求理想。比如，婚姻諮詢師，既解決問題又代表追求理想，讓已婚夫婦消除情感障礙，進而獲得人生幸福。

如果你想做一個詳細些的自我介紹，又覺得長獨白很尷尬，那麼記得利用「說、問、說」三部曲。這個三部曲能幫你將體積巨大的包裹分裝成一個一個小包裹，輕鬆自然地傳遞出去。舉一個例子：

你介紹道：「我是CCIC檢驗鑑定員。」

此時，估計大家一臉懵懂。那麼你能不能把你的工作和他們熟知的事物聯繫起來呢？你可以先問：「你或你的家人海外購買過化妝品或玩具嗎？」

對面的女士點點頭。

你接著說：「你們收到的商品，我們都經手過。一切進出口商品的質量檢驗，都由我們負責。」

注意，你要問的是「你或你的家人是否海外購物過」，哪怕對方沒有親自海外購物過，他的家人應該也海外購物過。這樣就聯繫起來了。

你還可以繼續問：「日本核輻射之後，你們還敢從日本海外購物嗎？」對方也許點頭，也許搖搖頭。「日本發生事故的當天，我們就馬上加強了對日本進口商品的放射性物質的檢驗，把危險物品都擋在國門之外。」

一問一答式的自我介紹，讓對方更自然地走入你的世界，並看到你們兩個人的生活的交集，讓人印象深刻。再看一個例子。

你介紹道：「我從事固體廢物處理。」

對方會想，固體廢物是一個什麼概念。

你繼續說：「你知道，我們一天如果什麼都不幹，會產出什麼嗎？」

對方說：「垃圾。」

「對，廢水、廢氣、廢渣，而我是管廢渣的。」此時，你可以舉出一些專業數據，「你可能不敢相信，你們社區每天產生的垃圾，平均有兩噸重。其實，其中百分之八十三都是可以回收的，我的工作就是盡量提高垃圾回收率。」

在這樣一來一往的對話中，你傳遞了自我價值，也完成了自我定義。在第一次與對方接觸時，對方非常期待你的自我定義。「如果你不自我定義，其他人就會給你下定義，而且並不總是以你喜歡的方式。」[3]

最後值得注意的是，當你準備好一句話版本、十秒版本、一分鐘版、五分鐘版的故事後，記得多加練習。對著鏡子練，一直練到能脫口而出，還要練出那種有些誇張的舞臺劇的表演力，不動聲色的講述很難展現故事的趣味性。

## 昇華他的價值

人做一件事，都有兩種理由存在——一種是好聽的，一種是真實的。

——約翰．皮爾龐特．摩根　美國金融家、銀行家

如何在社交中表達「你值得我認識」、「你知道我知道你知道」？你可以想像和你相遇的每個人身上所具備的獨特的潛能，敏感地捕捉它，描述它，求證它。我向你介紹三個具體方法。

方法一：認同他的職業，喚起他良好的自我感覺。

大家都喜歡聽到別人對自己動機的解讀——好的解讀。你可以對他的職業做價值上的更高層次的闡述，也就是說，他自己不方便吹牛，你來幫他吹噓。比如，遇到寫兒童書的作家，你可以說：「呀，你們很偉大，你們就是把這個世界打開給孩子們看的天使

啊。」

他會想，我從事的這個事業真的很偉大，你懂我！

遇到幼兒園老師，你可以說：「深表欽佩，這個職業，沒有大愛是堅持不下來的。」

遇到化妝師，你可以說：「真是感謝你，幫助我發現自己的美，這個世界又多了一張自信的面孔。」

遇到賣保險的，你可以說：「你不僅提供了一條全球最好的醫藥資源的通道，你還向中產階層提供了最寶貴最稀缺的東西——安全感。」

遇到社區的快遞員，你可以這麼說：「看你每天扛個麻袋，像個聖誕老人一樣穿梭在我們社區，我們都很期待見到你。」

你能如此理解並認同他的職業，他內心深處是很感激的，這也會激發他說出與自己職業相關的可供談話的資料；而職業，就是每個人的優勢話題。

方法二：問出現場只有他才回答得了的問題。

讚美完對方的職業以後，你該怎麼辦？請教他一個基於他的職業或專業背景的他最擅長的問題，也就是說現場只有他能提供答案。

3.霍華德·布萊格曼，邁克爾·萊文。《超級PR：如何為組織和個人贏得超人氣》〔M〕。李昂，譯。北京：北京聯合出版公司，二〇一八。

這意味著你要有針對性地提問題，而不應提出路人甲就能回答得了的天氣問題。如果是多人聊天，那麼你更要用這個方法聊，他會更感激你。此時，你等於給他創造了一個秀場，讓他站在了聚光燈下，燈光照在他身上，感覺很好。

比如，我會問我的髮型師：「你這麼好的技藝，在上海一定貴客滿門吧。」他一下子就打開了話匣子，告訴我崑曲王子張軍就是他的常客。我這個對崑曲一無所知的人，從他對張軍滿懷欽佩的描述中，領略了一番崑曲界的各種精采。

更多時候，我當然是請教他美髮界的新趨勢、新技術，尤其是當店長在旁邊的時候，你可以想像他會聊得多麼帶勁。

我們家的家務阿姨剛到我們家時，我很欣賞她，特別想把她留下，於是一有機會就和她聊天。我表達了對原生態生活的嚮往，請教她她家鄉人的娛樂方式。阿姨得意地聊起她去山裡抓野雞的經歷，讓孩子們聽得直流口水。

如果對方是從事房地產的，那麼你可以就當時的房產熱點請教他：「王總，您覺得海南自由貿易區這件事對房地產行業會產生一種什麼樣的影響？」我再舉一些可用於提問的話題：

現在各個行業都在利用大數據，你們公司也有這方面的嘗試嗎？

你們公司今年的戰略方向有調整嗎？今年最優先考慮的事情是什麼？

您覺得你們公司面對的值得一提的競爭對手是誰？

據您瞭解，你們的對手公司做過什麼失敗的嘗試嗎？這些嘗試正好可以讓你們自己不走彎路。

對手公司做過哪些成功的創新？

這些問題都能觸及他的專業視角。不管進入職場多少年，他都會形成自己對這個行業的看法。每個人都渴望被聆聽。

在問這些問題的時候，記得用「可否請教一下」來開頭，這是一個有魔法的開頭，讓對方無法拒絕。

方法三：做他的鏡子，幫他回答「我是誰」。

當與對方破冰之後，你可以通過觀察和分析，從誇他的外表到誇他的本質。也就是說，破冰時，我們聊的是那些一眼就能看到的表象，是不是還有一些藏在表象下的更令人稱道的成績呢？並且，促成這個成績的品德和性格是什麼？

你作為談話對象，是他的一面鏡子。他通過與你聊天，也在一步步地認知自己。「我是誰」，這是所有人的人生命題。哪怕對方身分顯赫，你的反饋也會幫助他在尋求答案的道路上又前進一步。

最會聊天的人，還會大膽地前瞻對方的未來。借用美國哲學家亨利・戴維・梭羅的一句話：「人生，並不是要發現自己，而是要塑造自己。」我來舉些例子：

讚他親子關係好，不如讚他懂得父愛的真諦。
聊她身材好，不如聊一聊她是如何自律的。
誇她衣服穿得漂亮，不如誇她審美水準高。

我再舉一個自己的例子：

我記得我在和一位父親聊天時，發現他兒子英文講得特別好，我說了一句：「您兒子以後的人生疆界會很寬廣。」

他父親很吃驚：「此話怎講？」

我娓娓道來：「他的英語如此流利，我相信不管走到世界上哪個城市，他至少具備基本的掌控感。世界對他來說是安全的，是自在的。他走出舒適圈的時候，不會感覺疲累，反而有舒展自我的快樂。自我疆界廣的人，實現自我價值有更多選項。」

我發現他們倆臉上明顯露出陶醉的神色。瞧，我聊到了對方的潛力，他可能不僅因此發現了自我，還會在塑造自我方面獲得啟發。

善於聊天的人，都會用以上三種方法不斷地發出這樣的信號：「我不僅要認識更多人，還要能第一時間判斷出有價值的人脈，你，就是我想結交的那一個。」

如何打開這扇「結交」之門？講一個好的故事，往往能快速吸引他人的注意，然後在微交談中，盡情展現你的魅力和風姿吧。

# 6 講故事、魅力與談吐

故事在人際關係中扮演貨幣的角色。

——羅伯特．麥基　美國「好萊塢編劇教父」

交談，可以看作一場故事會，是一次相互聯繫的故事間的交流。這個場合不適合議論沉重的話題，不適合論述高深的理論。唯有故事，能用戲劇性抓住對方的短期注意力。想想看，我們是不是經常在談到時事、藝術、生活、職場的某個話題時，話鋒一轉——「這讓我想起……時候，經歷過的一件事……」自己講完，別人講，大家輪流講。最會說話的人，都是把資訊編織進故事的高手。如果沒有一環套一環的故事，我還真不知道微交談應該如何進行下去。

## 把資訊變成故事

如何創建故事？美國的「懸疑大師」詹姆士．史考特．貝爾建議，好故事有LOCK系統：有趣的主角（lead）、目標（object，想得到或逃離的某個事物）、主角不得不面對的挑戰（confrontation），出乎意料的結尾（knockout）。

我覺得，這些建議適合演講、管理、寫作，但不適合社交。不同於大型演講中的故事或者要深挖聽眾的內心，或者重塑聽眾的認知模式，或者影響世界，也不同於主管開會中列舉的批評教育類的故事要做現實隱喻，微交談中的故事更隨興、更有趣、更簡短，其意義在於製造話題，升級歡樂。因此，微交談中的故事只需要一個基本要素，那就是「起伏」。你可以想像一條直線，平淡無奇的直線，突然變成了起伏的折線。恭喜你，此處就有故事了。

你看，是不是足夠簡單？所以，一句話也可以構成一個故事。比如，「昨天我兒子指著露出湯麵的鴿子的爪子，興奮地喊『今晚吃恐龍肉』！」

## 事先準備三十個哏

在微交談中講述故事，你可以事先準備三十個「哏」，也就是抓住故事中的三十個關鍵詞：划算、危險、奢華、神奇、劃時代、獨一無二、秘訣、糗事、美食、陰險、希望、堅持、貪婪、愚笨、勤奮、天真、習慣、天賦、驚豔、意外、受騙、代溝、投資、教育、認知成長、保守、成功、貧窮、恐怖、健康。為什麼要提前準備這三十個哏？

首先，它們的使用頻率高。這三十個關鍵詞圍繞的是人的命運、人的生存、人性的特點。幾乎每次微交談都會涉及其中的某一個或某幾個詞。

其次，它們容易引發刺激點。比如恐怖，能立刻引發對方既害怕又嚮往的矛盾心態；代溝，是一個不吐槽就牙癢癢的話題。

最後，它們便於傳播。你接觸到的每一個人，在人脈網絡中，都是一個輸入口，同時也是輸出口。你的哏，以後會變成他人的哏，有趣的談話資料總會被分享；當他人和自己的家人、朋友分享你的哏的時候，你似乎也成了他們當中的一員。

可是，有人看到這三十個關鍵詞會倒吸一口氣：「擁有這樣三十個關鍵詞的人生得有多麼跌宕起伏！我是平凡人，平凡人的生活怎麼會有這麼多哏呢？」

難道真的沒有嗎？我在幫學員整理他們人生故事的過程中發現，不管哪個年齡段的人，他曾經的情感和經歷都已經足夠多了，只是他也許沒有好好體驗或仔細回顧自己的人生。這個世界在每個人的面前看似都是一樣的，然而，世界在每個人內心的折射都是獨一無二的。有故事和沒故事的人，差別不在於人生經歷複雜與否，而在於他們用一雙什麼樣的眼睛觀察生活，他們的眼睛是否能敏銳地發現某個物件或某段往事背後隱藏的意義。生命的價值，就是由這些意義組成的。

即使是我五歲的兒子，也有他豐富的生命內容、強烈的情感和有趣的經驗。當我聽到他和他的小夥伴們聊天，說「我上次居然……」或者「我告訴你，我家最好玩的玩具就是……」時，我高興地發現，他已經開始通過自己的眼睛來看世界，這個世界在他內心中是獨一無二的。當他開始把自己世界裡的故事分享給他人的那一刻時，他已經開始社交了。

所以，在準備這三十個哏的過程中，你一定要有自信，帶著好奇心去回首自己人生的種種經歷。借用法國小說家馬塞爾．普魯斯特的話——「發現之旅不在於尋找新的風景，而是以全新的視角看待世界。」舉幾個例子：

1. 糗事

擅長社交的人，習慣講述自己的糗事來拉近距離。少說自己成功的故事，聽完你的成功，對方最多就是「哇，好棒」。你應該多說說自己出糗的事，搶先一步嘲笑自己，活絡氣氛。如果你自己不裝，那麼把裝的機會讓給別人，你也會立刻被大家喜歡。你說完糗事後，一定是兩個人哈哈大笑。說不定他也會爆料幾樁自己搞砸的事。

分享一個我用過的故事：

過去，我與對方打招呼時會說：「嗨，你好，我是戴愫，很高興認識你。」對方伸出手說：「我是某某，幸會幸會。」

我問他：「你是怎麼過來的？我開車來的，繞著街區轉了三圈才找到停車庫入口。進了車庫，停了十分鐘才將車停妥。」

在這個故事裡，我就是一個慌張的女司機。

不瞞你說，我準備了各種版本的糗事。在這些故事裡，我是一個無奈的母親、一個憤怒的妻子、一個剛進城的土妞。

**無奈母親版：**

我帶兒子寫作業：「春，上面只有三橫，沒有四橫，去掉一橫。」

「去掉哪一橫？」

**憤怒妻子版：**

我家寶寶晚上哭，我先生一定會搖醒我：「快去看看，怎麼哭了？」

我家寶寶晚上很安靜地睡覺，我先生也會搖醒我：「快去看看，怎麼不哭了？」

**土妞版：**

我剛到美國時，進了一家乾洗店，我以為是賣衣服的商店，看見漂亮衣服上面五美元或十美元的價格標籤，狂喜不已，扔出二十美元給櫃員，說來四件。

其實，大部分人的人生都是無奈、矛盾的，是由衝突構成的。真正的人格力量，不是來自完美，而是源於敢於揭露自己的不完美。敢自嘲的人，都是自信鮮活、活得真實的人。

2. 美食

任何話題都可以被引到「吃」上，吃永遠都有趣。《康熙來了》的主持人之一蔡康永是一位有名的聊天達人，他說：「愛旅行的人多嗎？多，但沒你以為的那麼多。愛時尚的人多嗎？多，但沒你以為的那麼多。愛吃的人多嗎？多，而且比你以為的還要多。」

越是文明雅致的階層，越重視美食文化。你如果擁有訓練有素的味覺，就聊出來吧。聊美食，就是在聊人生。

在講這類故事的過程中，細節是關鍵，包括品嘗的細節、外觀的細節、一些他們意料之外的細節。

我經常這樣聊：「你一定要品嘗我做的冰粉，絕對是你吃過的所有冰粉中最好吃的。八大原料豪華組合，晶瑩剔透，冰滑爽口。吃到嘴裡，先是滿口老紅糖的黏稠甜，然後是牙齒感受到的花生顆粒的酥脆，以及舌尖上黑白芝麻的濃郁香，接著是枸杞、山楂、葡萄乾的酸酸甜甜，最後再將冰粉一滋溜滑下喉嚨，長留在唇齒間的是玫瑰花瓣的清香。」

你可以研究幾道在宴會和雞尾酒會上出現頻率較高的菜品，最好親自做過，這樣就可以聊你的烹飪故事了。

如果你做的是一頓中餐，那麼中式菜餚的典故逸事，更是聊天的最佳切入點。比如，龍井蝦仁、東坡肉、擔擔麵、叫花雞、麻婆豆腐……美味背後都有一段動聽的故事。另外，諸多文學作品，比如《紅樓夢》、《天龍八部》等也提供了大量爭奇鬥豔的烹飪話題。

3. 認知成長

我的很多認知成長，都發生在旅途中。如果你缺少認知成長的故事，那麼我建議你好好回憶一下你的旅行，或者在下一次旅行中去做一個真正的旅行者，而不是一名遊客，這樣，你自然會有認知成長的故事去分享。

做一個真正的旅行者，幫我積累了很多故事。英國學者馬爾科姆·安德魯斯在研究旅行者和自然景觀之間的關係時指出，親眼看到風景是不夠的，你必須像十八世紀的英國人一樣，會觀察，會描述，會感動。一個旅行者必須是有文化的，否則，他就只是一名遊客。

比如，去印度旅行，對於旅行者來說，印度是一個盛產感悟的地方。我當年的感悟是什麼？他們邀請我放下刀叉，用手去觸摸食物的質感。我曾經忍不住好奇地問當地人，如今刀叉隨處可得，為什麼保留手抓食物的習慣。他們說，美食要能聞到、品嘗到，同時，它的質感也值得享受。我還曾問過他們，現在大家的生活圈子越來越大了，為什麼他們還可以接受包辦婚姻。他們告訴我，包辦婚姻是在生活中被實踐得最好的風險管理。

原來，我認為是糟粕的東西，在它那個體系裡不僅有存在的合理性，而且是另一種智慧，有可能還是更高明的智慧。帶著這個升級的認知，我進而聯想到工作。現在所有組織都在談變革，變革的難點不是引入新東西，而是變革者是否真的理解為什麼有些被認為是糟粕的東西，是原來政治生態的必要組成部分。用得到App創始人羅振宇老師的話來講，變革的過程，就是把一個行之有效的舊系統改造成一個行之有效的新系統，那麼變革者「眼裡不應只有自己想要的東西，他還要看到那些被丟掉的東西，是不是被放在了一個安全的地方」。

組織變革是這樣，一切變化皆如此。

在看完我給你的這些例子以後，你有沒有意識到，生活中到處都有故事。如果我們的日子過得漫不經心，那麼這些故事真的就不存在了。看似平淡如水的生活，在水面上和水面下都湧動著各種起伏的波濤。抓住這起起伏伏的波濤，構想出屬於你自己的故事。

圍繞這三十個哏來準備故事，足夠了。每個關鍵詞，你都可以準備一到三個故事。哏，不在於數量，而在於品質。

我建議你把自己準備好的故事的關鍵詞，都記在手機裡。進入社交大廳之前，或者中途上洗手間的時候，拿出手機，迅速掃一遍，這就像上前線的戰士裝備了子彈匣，底氣自然足了。當你準備好以上三十個哏之後，你就不用擔心沒有講述的機會了。你只要認真聆聽，就一定能從別人的話語中捕捉到可以跳到你的故事上的轉折點。一旦找到了轉折點，你就盡情地發揮吧。

最後，我還要說三個注意事項。

第一個注意事項：故事裡的主角最好是自己。

別人在聽你講故事時，聽到的不僅是故事，還有你這個人的特質，所以講述自己的故事是最合適的。

優秀的傳教士深諳如何將道理編織進故事，約爾·歐斯汀是美國一位著名的傳教士。他的講道節目每週有超過七百萬觀眾觀看。他的演講很吸引人，他從來都不會做拖沓冗長的說教，而是不停地講述一個又一個小故事。比如，他幾乎在每次布道會上都會談到對上天的信任，以及禱告的力量。我聽過一則關於行李廂的故事，一位父親的鑰匙被鎖在了汽車的行李廂，在禱告以後，行李廂蓋竟然神奇地打開了。我還聽過一則關於游泳池的故事，一位媽媽一直想要建一個游泳池，結果有一天，有一對修建游泳池的夫婦真的走進了他們家，幫他們建了一個免費的游泳池。

因為這都是自己的故事，所以他們講述起來妙趣橫生。

可是，微交談中究竟能不能講別人的故事呢？

約爾·歐斯汀也會講述別人的故事。他的技巧是，講述的語氣極其熟稔親切，「我朋友的妹妹……」、「我的一位二十多年的好朋友……」這樣的語氣傳遞出的訊息是：雖然故事的主人公是別人，但這些人都是我的圈內人，他們的故事就是我的故事。

我建議你在轉述別人的故事時，可以利用N+1的模式。也就是說，在這個故事中，加上自己的新內容，或新角度。比如，在聊到中年危機這個話題時，我想起了上次聊天時聽到的一個談話材料，於是說道：「我大學同學在華為，今年四十歲了，你知道華為平均退休年齡是四十五歲嗎？其他同事都為後半輩子忐忑不安，他卻相反，巴不得拿著股權退休，正好可以開始事業的第二春。」

接下來，我要補充一下自己的看法了：「華為有四十五歲退休這條制度，說明華為作為一個平臺，沒有信心進一步挖掘和釋放這些中壯年員工的潛力，趁早放手是明智的。而作為個人，不管有沒有四十五歲退休這條規定，都應該不斷地去尋找最匹配自己能力的平臺，不必在一家公司裡待一輩子。」

利用這兩個方法——用親切的語氣和用N＋1的敘事角度——來敘述他人的故事，這些故事會離你越來越近，你和故事的關係也會越來越親密。最終，這些故事在你一次次的轉述中，變成了你自己的故事。

第二個注意事項：講故事的姿態是中等甚至偏低的自尊。

所謂中等的自尊，意思是自尊保持得不多不少剛剛好。因為自尊太過就成了傲氣，自尊太低則成了自卑。因此，保持平衡很重要。

為什麼自尊還可以偏低？在與陌生人微交談時，大家通常都客客氣氣的，沒有人會隨意看低其他人。偏低的自尊，反而會消除自己的敏感和焦慮。換句話說，自抬身價不可以，自降身分是可以的。

比如，在談到關於奢華的故事時，你講述了自己入住杜拜帆船飯店，使用鍍金馬桶的經歷。這時，為了不招來嫉妒，你需要把自己的身分降一降，而且需要加一句自降身分的話。你可以半開玩笑地說：「我太太在馬桶上坐了一夜。」用故事來炫耀，效果會很不錯，但這種炫耀不能當真。

第三個注意事項：故事的基調是積極正面的。

針對愚笨這個關鍵詞，我準備過一個好笑的故事。有一次我要去餐館開發票，發票抬頭是「競越」兩個字（那個年代開發票還不需要公司全稱），為了讓招待員看清楚是「競」而不是「竟」，我特意在「競」字下面標注上「不是竟」。五分鐘後，發票開好了，我接過來一看，抬頭寫著「競越不是竟」。故事講完後，我不禁感嘆起那位招待員：「有些人表面上看是笨笨的，其實別的方面可能聰明過人。」

微交談很忌諱把聊天變成一場惡意的嘲諷，因為這樣就等於無形中拉低了所有參與者的品味。相信我，所有的故事，不管過程和結局如何，都可以展現積極的一面。

引用維多利亞時代英國最偉大的作家查爾斯．狄更斯的視角，我們可以看到他觀察到的現實世界是：

這是一個最好的時代，這是一個最壞的時代；
這是一個智慧的年代，這是一個愚蠢的年代；
這是一個信任的時期，這是一個懷疑的時期；
這是一個光明的季節，這是一個黑暗的季節；
這是希望之春，這是失望之冬；
人們面前應有盡有，人們面前一無所有；

人們正踏上天堂之路，人們正走向地獄之門。

——《雙城記》

不管是什麼樣的故事，我們都可以從中構建有意義的內容。故事爛熟於心，搭話才可以一擊即中。

## 談論雙方的優勢話題

自己這個東西是看不見的，撞上一些別的什麼反彈回來，才會瞭解自己。所以，跟很強的東西、可怕的東西、水準很高的東西相碰撞，然後才知道自己是什麼，這才是自我。

——山本耀司　日本時裝設計師

我們不是為了微交談而微交談。我們的每次微交談都會產生價值。這個價值不在於你多認識了一位朋友，而在於你對自己有了更深的瞭解。為什麼？

首先，我希望在一次交談中，能夠談到彼此的優勢話題。所謂優勢話題，就是那些能讓你或他人滔滔不絕地說上幾個小時的話題。每個人都有他的過人之處，每個人都是某方面的專家。

當聊到你自己的優勢話題時，你發現自己才思泉湧，於是，你對自己這個領域的天分更篤定自信了。

當聊到對方的優勢話題時，就像山本耀司所說的「跟很強的東西、水準很高的東西相碰撞」那樣，你的「自我」會彈回來，於是，你要麼對這個領域產生濃厚的興趣，要麼直接發現了自己天分上的缺失，從而不會在日後做無謂的付出。

有一次，我和一個創業者聊天。在聊到創業的新點子時，我面前的這位激情澎湃且聰慧過人的創業者，會把這個點子分析得頭頭是道，當場就能列出第一步怎樣做，第二步怎樣做，難點在哪裡，是否可持續發展等等；而我只能坐在那裡頻頻點頭。我看到，她的身體裡流動著商業的血液，這似乎是她與生俱來的能力。在那一刻，我跟她這種「很強的東西、水準很高的東西相碰撞」，我的「自我」彈回來了，我的結論是，創業的戰場，就是為她這樣的人準備的，我的大腦構造適合做研究，不適合在創業領域拚殺。

所以，在談話中找到雙方的優勢話題很重要。每個優勢話題，都能創造一次「跟很強的東西、水準很高的東西相碰撞」的機會。

如何在交談中定位優勢話題，並有技巧地轉到這個優勢話題上？我的建議是利用俄羅斯套娃法或原子核法。這兩個方法是美國的社交技能導師帕特里克．金介紹的。

在學這兩個方法之前，我們回顧一下培根的那句話：閱讀使人充實，會談使人敏捷。你的思維要足夠敏捷，一邊聊一邊在腦子裡迅速地規劃好自己和對方的優勢話題。只要有了目標，路徑就容易找到了。不管你們現在正在談什麼，我相信，有了前方的目標，就能找到路徑。關鍵是，你要敏捷地捕捉到那個目標——優勢話題。

在交談的過程中，你的耳朵要像雷達一樣，捕捉某些關鍵詞，在這個關鍵詞的話題上，你或他具備專業知識，有獨特的經歷，積累了豐富的素材。這個話題能讓你或他克服怯懦，打開僵局，獲得安全感，並漸入佳境。

第一個方法：俄羅斯娃娃定位法。

我們先來看一下俄羅斯娃娃是什麼樣的。俄羅斯娃娃裡那個最小的娃娃就是你或他的優勢話題，這個話題專業性強，往外的每一個更大的娃娃都代表著專業性越來越弱，普遍性越來越強。

我舉個例子，我的優勢話題是跨文化溝通，那麼，凡是聊到涉外話題，我都有機會將其過渡到我的優勢話題上來。

他說：「今年暑假準備帶孩子去國外玩一玩。」

國外？這就是涉外了。我意識到，這是個聊到我的優勢話題的機會。

我問道：「去哪裡？」

他說：「法國。」

我說：「好棒，你平時這麼忙，去法國度假很合適，南歐是西方世界最『多向時間文化性格』的地方，時間不是被當作工具來用的，而是被用來慢慢經歷的。和法國人吃飯，你就不要安排別的節目了，做好準備，那是要吃一個晚上的。」

這就是俄羅斯娃娃法，我們從國外聊到法國，聊到法國人的時間觀念。娃娃從外往內，一個比一個小。

再比如，你的優勢話題是四川火鍋，在俄羅斯娃娃法中，四川火鍋是那個最小的娃娃，依次往外，娃娃越來越大，它們是四川火鍋、川菜、中式美食、烹飪藝術。當大家聊到川菜、中式美食、烹飪藝術的任何時候，你都有機會轉到你的優勢話題——四川火鍋上。

這個俄羅斯娃娃法，也能幫助你很容易過渡到對方的優勢話題上。比如，對方是飯店經理，你在和他聊天的過程中就應該同時敏捷地思考和飯店相關的專業問題。此時，你們正在聊愛好。

他說：「我喜歡爬山。」

你可以接話道：「是啊，我也喜歡爬山，我出差的時候還經常游泳。飯店的游泳池人少，水又乾淨。對了，請教一下，不同的星級飯店配備游泳池的標準是什麼，我訂飯店的時候有什麼需要注意的？」

你看，游泳，游泳池，飯店游泳池，娃娃一個比一個小，最後聊到他的優勢話題。

或者，他說完他喜歡爬山以後，你可以說：「春天爬山的時候，我很喜歡摘些嫩芽回來插在瓶子裡。請教一下，飯店裡栽培的室內綠植和室外綠植有什麼講究呢？」

這一次，是爬山，綠色植物，飯店綠植，同樣娃娃一個比一個小，最後又聊到了他的優勢話題。

第二個方法：原子核定位法。中間的那個原子核是你的優勢話題，電子繞其運動，它們都與優勢話題相關，但專業性不見得會減弱。

在原子核方法中，前面那個例子中的四川火鍋就是原子核，在它旁邊的電子是四川火鍋、奇怪食材、推薦餐館、瑞士奶酪火鍋、川民風情等。當大家聊到奇怪食材、推薦餐館、瑞士奶酪火鍋、川民風情的時候，你都有機會轉到你的優勢話題——四川火鍋。

所以，只要敏捷地確定那個大致的優勢話題範圍，找到路徑就不難。

如何讓對話轉到你的優勢話題上來？你可以用以下過渡語：

1.「……這個……讓我想起……」

例如：「（你推薦的）這個（餐館）讓我想起（我最喜歡的那家火鍋店）。」

2.「說起……，不得不提一提……」

例如：「說起（智慧在民間），不得不提一提（現在的火鍋，就是過去嘉陵江邊的苦力發明的）。」

3.「你在研究……的時候，有沒有聽說過……」

例如：「你在研究（民宿這一行）的時候，有沒有聽說過（日本的溫泉民宿通常都是帶餐飲服務的），（我有個朋友在四川，他也想開個提供正宗川味火鍋的民宿，還配上麻將）。」

4.「對啊，最近我恰巧讀了一本關於……的書。」

例如：「對啊，最近我恰巧讀了一本關於（奇怪食材）的書，（裡面尤其提到四川火鍋中的黃喉、豬腦、毛肚）。」

5.「說到……你看可不可以換個角度理解……」

例如：「說到（法國人時間觀念很弱），你看可不可以換個角度理解，（正是這個文化特質，催生了一切和生活相關的文化，比如法國飲食文化。四川人很像法國人，火鍋是要吃上兩個鐘頭的）。」

6.「和……不太一樣的是……」

例如：「和（瑞士奶酪火鍋）不太一樣的是，（四川火鍋是不涮水果的）。」

從這麼多的過渡語上來看，會微交談的人不是真的會談天說地，而是懂得有技巧地往自己的優勢話題上轉。

你轉到自己的優勢話題後，就找到主場的感覺了，對方也可以放鬆一會兒，因為你聊得很起勁。但是請注意，要適可而止。別忘了，兩個人在打球，球在你手裡不能超過四十秒。

同樣，當對方安靜靦腆時，你可以用這兩個方法幫他找到優勢話題，他同樣會感覺舒適。如果你還完全不瞭解對方，那麼我來歸類一下，把優勢話題這件事弄得更簡單一些。

以性別和年齡來分，成功男士愛聊事業，普通男士愛聊老莊哲學；青年男士愛聊理想，老年男士愛聊過去的輝煌；青年女性愛聊時尚，中年女性愛聊家庭和孩子，老年女性愛聊養生。

以地域來分，和潮汕人聊會持家的女人，和北京人聊國家和世界大事，和上海人聊有情調的生活方式，和溫州人聊經商致富，和廣東人聊美食等等。

在和這些人談話時，任何時候，你都可以將話題引導到他們的優勢話題上。比如，對方是年輕女孩，你們在一個講座的茶歇中交談。提示你一下，年輕女孩的優勢話題一般是時尚。

她說：「最近很忙，公司年底了要趕業績，連午飯都沒時間吃。」

你可以說：「沒時間吃午飯的美女，還是擠出了時間做指甲。你的指甲做得真漂亮，有推薦的美甲師嗎？」

再比如，對方是一位年長的成功男士，你們在一個峰會上正好坐在一起，他是演講嘉賓之一。提示你一下，老年男士的優勢話題是過去的輝煌。

他說：「今天到場的人很多。」

你可以說：「比今天人更多的場面您肯定經歷過。您聽眾最多的一次演講是什麼情景？」

找到彼此的優勢話題是讓你倆聊嗨的非常有效的方法。在一次交談中，如果你們雙方都有機會聊到自己的優勢話題，那麼一定會聊得很盡興。

在微交談中，雙方有沒有不要談的話題呢？如果是一個禁忌話題，那麼哪怕你懂得再多，也不適合作為優勢話題來發揮，因為這樣的碰撞可能是毀滅性的。

羅振宇老師觀察到，在中國朋友圈裡，有兩大割席斷交的話題：轉基因、中醫。我觀察到，在美國朋友圈裡，也有兩大割席斷交的話題：川普、醫改。咱們在聊天時，最好不要涉及這些無謂的話題，否則一場輕鬆的談話會以沉重收場。

微交談，就是一次充滿靈感和智慧的挑戰。談雙方的優勢話題，更是發現自我的契機。

## 魅力公式

世界上具有價值的商品不是金子或鑽石，而是魅力。

——莎拉·伯恩哈特　法國舞臺劇和電影女演員

一般來講，溝通場景是內容與形式相互嵌入，合二為一。那麼，究竟是內容重要，還是形式重要？社交場合的微交談，因為雙方不是做學術交流或工作報告，所以相比於內容，形式更重要。雙方的眼神、肢體動作、氣質，以及傳達出的訊息，比說話內容本身更重要。美國初創企業專業諮詢公司的創始人兼執行長馬丁茲·威靈說過：「偉大的關係不會只流於談話。他們有意識地通過表現和語調來塑造自己。」

我們經常會和陌生人見面，但大多數會面不會給我們留下任何印象，當事人在我們的人生軌跡中也不會留下痕跡。只有少數會面會讓我們日後反覆回味，甚至對方的某觀點、某句話，會促使我們做出一個徹底改變的決定。這些人在短時間內傳遞出自己的魅力，而且影響持久。

人的魅力來自六大要素：財富、地位、相貌、人品、學識、性格。

人人都想在社交中達成最合算的交易。在與你結識時，對方難免會想「這對我有什麼好處」。其實，萬物皆有價值，人的價值儘管是主觀的，但與產品一樣，大家在自由選擇朋友的時候，通常會權衡上述六大要素。

這六大要素中前三大要素是財富、地位、相貌，按中國人的理解，它們或基於命，或基於運，很難改變。幸運的是，它們並不是我們建立友誼的唯一指標；後三個要素是正直的人品、淵博的學識、令人愉悅的性格，它們都基於後天的修煉和努力，也是你的資產，也能為你加分，正所謂「勝己者，德隆者，有趣者，可做知己」。

我進一步發現，這六個要素都可以在短時間的社交中表現出來。美國著名職場教練奧麗薇亞·福克斯·卡本尼反覆論證，魅力可以後天修煉養成，人人都能學得會。魅力這個東西，在某些人身上就像一個開關，需要時「啪」的一聲打開。在卡本尼的課程裡，她創造了一個魅力公式：魅力＝權威性＋親和力＋專注當下。我們驚喜地看到，這個公式裡包含了上述六個要素：權威性——財富、地位、淵博的學識；親和力——相貌、令人愉悅的性格；專注當下——尊重對方的人品。也就是說，哪怕財富和地位不是一時能改變的，我們也能通過訓練，通過社交魅力釋放出權威性；哪怕相貌真是上天賦予的，我們也可以通過訓練，通過社交魅力釋放親和力。

這麼一說，你是不是有自信了？如果是，接下來，你應該怎樣綻放魅力？

魅力，英文是charm或glamor，我覺得glamor這個詞更適合描述社交場合釋放出的魅力——瞬間熠熠生輝、閃閃動人。綻放社交魅力，就是讓自己置身於社交舞臺上，並且享受自己的演出。

就像美國中央情報局（CIA）敏銳的前情報官J. C.卡爾森觀察到的，在社交場合，總有一些拙劣的魅力展示者，他們過分強調自己多麼有魅力，比如「長時間的握手，誇張的笑容，帶著些許傲氣的目光，他們放聲大笑……在我們最初的對話中，他們不斷地使用我的名字，而有些人為了強調觀點，甚至會伸手輕輕地觸碰我的手臂……很讓人厭煩，是不是？我們都發現了——這是二手車推銷員才會用的老套手法」。

我們在社交場合表現出來的魅力要恰如其分。那麼，我們來試著套用一下卡本尼女士的魅力公式：魅力＝權威性＋親和力＋專注當下。

## 權威性

史丹佛大學著名組織行為學教授傑弗瑞．菲弗指出，權力是「演」出來的。「領導力的秘訣就是扮演角色，要裝模作樣，要給這門舞臺藝術賦予技巧。」

你有表演精神嗎？為了演出權威性，我提出幾條建議：

第一，先用專業術語虛張聲勢，再用平實的語言闡釋清楚。故意說一個普通人聽不懂的術語，然後來一個平實的類比，這樣權威性和親和力就兼具了。比如，腦中風是一個專業術語，你應該解釋一下，腦細胞就像稻田裡的秧苗，早期缺一點水，如果能及時恢復灌注，它就不會乾死；但時間長了等地縫都裂開了，再灌注就晚了。

第二，用低沉帶磁性的聲音。

呼救的聲音都是尖銳高亢的，自信篤定的聲音都是低沉帶磁性的；而且這樣的聲音，有利於創造一個屬於你們自己的空間。

第三，頻頻點頭會損害一個人的魅力指數。

小雞啄米式的點頭讓你看上去像一個小學生，因此要想演出領導力，你就必須只在深度認同的時候才偶爾點頭。

第四，說話切忌太快。

說話放慢語速。只有缺乏自信的人才會用較快的語速來嘗試證明自己。敢於沉默兩三秒再表達重要訊息的人，演技一定最高。

第五，動作從容。

不需要每一句話都伴隨著雷霆般的大笑，以及大幅度的擺手、晃頭。從容，指肢體動作速度不要太快，同時要用最短的路徑去完成一個動作。也就是說，沒有多餘的小動作，很乾淨俐落，同時，動作的速度適中。動作太迅速會顯得不優雅。想想大排檔的服務生和五星級飯店裡接受過專業培訓的服務生，我想你大概就能明白其中的意思了。

## 親和力

高語境文化性格的人在社交場合容易被對方誤認為不夠投入或冷漠。舉個例子，中國文化就是高語境文化。所謂語境，指的是前後背景。也就是說，我在和你溝通的時候，假設你已經瞭解了背景資訊，那麼，我在表達的時候就不需要表達得那麼清楚，點到即可，否則，表達太清楚會是對你智商的侮辱。而有些文化是低語境文化，也就是說，我假設你完全不瞭解背景，我在說話的時候，要盡可能地說清楚。

高語境文化性格體現在身體語言上的表現是，高語境文化不僅認為話不需要講得太清楚，而且認為身體語言不需要太有表現力。所以，中國人、日本人經常正襟危坐、面沉似水。這種身體語言，在談判桌上是一個利器，因為對方看不透你。而在社交場合，人聲鼎沸，人頭攢動，這種不動聲色可能會被誤認為太過冷漠，沒有親和力。

如何避免這種誤解？我們可以從兩方面來做改變。

第一，讓身體語言具備一定的表達力。這方面我們可以學習義大利人，他們是身體語言的典範。想想義大利的電影片段、義大利的訪談節目，甚至義大利的肥皂劇。他們很善於用手勢來加強自己的表達效果。有人開玩笑，兩個義大利人甚至不用說話，光靠手勢就可以完成一段簡單的對話。當然，作為學習者，你完全不需要那麼誇張，慢一點，幅度小一點，便可以優雅與活力兼具了。

第二，讓身體語言始終處於打開的狀態。有學員問我，可不可以雙手抱胸。你如果覺得這個姿勢讓你感到舒服和放鬆，就完全可以這樣做，但你要保證身體其他部分是打開的。比如，肩膀是打開的，不是聳肩駝背；你的腳是對著他的，不是對著旁邊準備出逃的姿勢；你不是一邊說話一邊往後退。

如果你感到緊張，不知道雙手該放哪裡，那麼你可以拿一個道具，比如一支筆、一個本子、一個水杯。手裡抓著道具，可能會更有助於你打開身體的其他部分。我習慣用雞尾酒杯、餐盤、叉子做道具，來撫慰我那雙無處安放的手。

## 專注當下

與人聊天，一定要心無旁騖，專注，專注，再專注。我在你身上花了多少時間不重要，重要的是，我和你交談時，整個身心都在你身上。

社交高手懂得用眼神交流來提升自己的專注力。當你專注時，你自然會注視對方，這種注視是可以愉悅對方的。因為人在注視的時候，瞳孔會擴大。你如果仔細觀察林青霞或克拉克．蓋博的老照片，就會發現他們的瞳孔大得誇張。這是後期圖像處理刻意而為的結果。瞳孔測量學裡已有實驗證明，大瞳孔更有魅力。

為什麼大瞳孔會更有魅力？根據常識，我們就可以回答這個問題：人們對喜歡的事物總是想要多看幾眼。從專業角度來回答，人類學家海倫．費雪認為這是一種動物本能。直接的目光接觸觸發了「人類大腦中一個原始的區域，並引發了人類兩種基本情緒中的一種——接近或逃跑」。如果你的目光足夠誠懇和溫柔，他就會選擇親近。

《人格研究雜誌》曾刊文指出：根據報導，那些長時間注視聊天對象眼睛，並同樣得到對方長時間注視的參與者，獲得的情感比其他參與者明顯深厚很多。也就是說，那些互相凝視的參與者之間迅速產生了強烈的愛和喜歡。

眼神能幫你傳遞「我的注意力全在你身上」的訊息。眼睛和心的距離是最近的。在社交場合，通過眼神，你能感知現場哪些人想和你交流；通過眼神，你也能從人群中挑選出一個人來，讓他知道你想和他單獨交談。

我在做培訓時，會用眼神敏銳地捕捉下面聽眾的目光。我如果失去了與下面聽眾的目光的接觸，就會自然明白這個知識點不夠有趣，或講得太久了。我會立刻加快節奏，講到下一個知識點上；當他們的眼神都在追隨我的目光時，我立刻明白，我講到重點上了，於是可以多發揮幾句，這樣他們的眼睛會立刻亮起來，繼續用目光追隨我。

眼神還能通過放大你的情緒來表達關注。在社交場合，人聲嘈雜，你傳遞出去的訊息需要經過各種噪音的過濾才能到達對方。所以，你的情緒表達需要比平時更大、更誇張，而眼神能幫你做到。比如，睜大眼睛表達驚訝，微微瞇縫著眼睛表示疑惑，迅速眨一下眼睛表示好奇，帶著笑意的眼睛表示感謝等等。如果你知道通過眼神與人交流，那麼人家會覺得你很會說話。

不過，也經常會有學員對是不是需要在聊天過程中一直注視對方表示困惑。這樣的困惑用英國著名動物學家德斯蒙德·莫利斯的話來解釋就是：「當一個人和另一個人對視的時候，這兩個人會立刻發現自己很矛盾，既想要和對方有眼神接觸，又想要避開對方的眼神。如此來來去去，便發展成人類一套複雜的眼神移動模式。」那麼，我來介紹幾個原則吧。

第一個原則：別人和你說話時，你的眼睛一定要看著他。我強調「一定」！因為你需要通過眼神傳達「我尊重你，我喜歡你」的信號。還記得我在前面講過的嗎？每個人都有被尊重的需求，而我們的眼睛是心靈的窗口，你通過直視他的眼睛，表達出這樣的意思：你說的每個字我都很感興趣，請繼續說下去。

第二個原則：你和別人說話時，眼睛可以看向其他地方，但不要過分地東張西望。你在說話時，思維是跳躍的、發散的。同樣，眼睛是心靈的窗戶，說話時的你正在做活躍的思考，所以你的眼神可以跳躍。但你的眼神從他面部游離開的距離不要過大，頻率不要過高，否則就像在掩飾事實或者撒謊了。

當你遵守這兩個原則時，對方會覺得你很謙和，和你在一起沒有壓力。為什麼？在社交學中，有一個VDR理論，英文全稱是Visual Dominance Ratio，譯為視覺支配性比率，它的具體計算方法是「對方說話時直視你的時間」除以「對方傾聽你時的直視時間」，數值越大，暗示了這個人地位越高，越有權勢。比如主管給你下達指令，他在講話時會直視你，這個時間很長，你向他彙報工作時，他可能在看自己的手機，傾聽你時的直視時間就少，用「對方說話時直視你的時間」除以「對方傾聽你時的直視時間」，VDR數值就會很大。

同理，你如果在談判時要給對方製造壓力，就可以有意地加大這個VDR的數值。反過來，在與陌生人交談時，你如果想讓對方覺得你有親和力、願意接近你，就可以有意地減小VDR數值，也就是遵守上述的原則一和原則二：你在傾聽時直視對方的時間，多過你在說話時直視對方的時間，這樣，VDR數值就小了。

另外，還有兩個方法可以增加眼神的自然度。讓眼睛富有動感，有助於避免因強烈的直視而可能產生的恐嚇效果。這個方法是「視線移位」。從他的一隻眼睛轉向另一隻眼睛，或者在他的雙眼和嘴唇間勾勒出一個三角形。如果你和他互相直面對方，對方需要釋放來自你的強烈關注，你要用「側視」的方法：目光隨意瞥向他臉的一側，從一個耳朵到另一個耳朵，然後轉向他的嘴和眼睛，側視的時間很短暫，不要超過兩到三秒，不然就是分心。側視不是讓你有機會去看其他人或物，同時保持目光溫馨怡人，動作不要太過了，否則會讓人以為你眼部痙攣。

以上就是我嘗試套用卡本尼女士的魅力公式，來指導你如何瞬間提升自己的社交魅力。

魅力，看似是一個無所不容、難以捉摸、天賦異禀的東西，被詮釋在了這個通過後天可以修煉而成的公式（魅力＝權威性＋親和力＋專注當下）裡。這個世界只青睞善於把自身價值展示給他人的人。將自己的最美一面呈現給這個世界，世界也會回饋給你最美的東西。

讓世界見識到你的美好。

## 修煉你的談吐

世界是一個舞臺，任何細微的臺詞變化都會引發戲劇性的不同。

——羅伯特．B. 西奥迪尼

在從事企業培訓的最初幾年裡，我在課程內容打磨上花的時間比較多，但在之後的歲月裡，我卻一直在修煉如何表述。

我進而發現，所有的職業做到最後，都是在修煉表達這門功夫。比如，有經驗的大廳經理，將進出飯店大廳的顧客做最合理的引流，表達出有序；技藝高超的廚師，通過烹飪、選擇餐盤色彩、調整食物形狀，表達出美味；天才軟體設計師，將複雜的問題抽象為不同層次和角度，通過用戶的介面，表達出精確。

在與人交換談話的過程中，我們究竟在表達什麼？簡單來講，我們既在表達智慧，又在表達趣味。可是，不同的聽眾喜歡不同的語言風格；而且語言風格有很多種，平實的、清晰的、含蓄的、直接的，文謅謅的、街頭的、莊重的、詼諧的等等。語言風格無優劣之分，但它們受歡迎的程度各不相同。下面我們來探討一下最受歡迎的三種語言風格。

## 乾淨的語言

所謂乾淨的語言，是指去「泥」去「水」後的語言。現代人越來越習慣於接受高密度的資訊。百萬粉絲公眾號Spenser的創始人陳立飛指出，現在大家已經不是一個字一個字，或一行一行地閱讀了，大家開始一個螢幕一個螢幕地閱讀，一篇文章如果給的刺激點不夠頻繁，就會很快失去讀者。他做了一個比喻，寫好文章就像拍商業電影，兩三分鐘要給一個刺激點，如果還是文藝電影的風格，節奏慢、伏筆深，很快就會失去讀者。我覺得，這個比喻放在微交談中再合適不過了。

人的思維速度明顯快過說話速度。一般人說話是一二五～一五〇字／分鐘，而美國作者哈里・弗里德曼在《銷售洗腦》一書中介紹，從生理的角度測算，人每分鐘能聽完一千字！你看，說話速度和思維速度之間出現了巨大的缺口。所以，聽人說話的時候走神，是一件再自然不過的事情。怎麼辦？

作為說話者，如果我們用加快語速來彌補這個缺口，那麼你會說到讓自己缺氧，而且語速太快的人也顯得沒氣場。怎麼辦？我在上課的時候，為了勾住所有人的專注力，用的方法是在單位時間內輸出更多資訊。我擠掉話語中的一切水分和雜質，用緊鑼密鼓的資訊，層層遞進，推進談話。與之相反的說話方式是，口若懸河，卻沒有包含多少有價值的資訊，這實在讓人生厭。

所以比較高級的說話方式是，語速不會過快，但單位時間裡資訊量足夠大。這種說話方式，比起語速過快但又有很多口水話和廢話的方式，要讓人愉悅很多。再加上現在人們用於社交的時間越來越少，比如午餐時，本來可以和他人交談，但碎片化學習的習慣讓你更願意獨自用餐；會議開始前，本來你可以和周圍的人先暖暖場，但分秒必爭的你可能是掐準了時間才入場的。人們越來越珍視使用時間的效率。你用乾淨高效的語言表達了對對方時間的尊重。

我相信，充滿高密度資訊的談話能引發高密度的思考，若干習慣於高密度思考的大腦湊在一起，更有可能催生靈感，產生有價值的連結。

## 有表情的語言

為什麼有的人說話很催眠？因為他說話永遠平緩溫和，催眠師就是用這個方法來讓客戶睡著的。

怎樣打破催眠式說話方式呢？當然，說話時，你可以隨時切換音量大小或音調高低，為自己的聲音製造「曲線」。可是我覺得還有一個更簡單的辦法——增加擬聲詞或語氣詞，它們是你的表情符號。

正常說話時突然加入的幾個擬聲詞或語氣詞，是一種非常規的聲音。人類對非常規的聲音的反饋很敏感。我的孩子在線上學英語，五歲的孩子能靜坐半小時學習實屬不易，這靠的全是螢幕畫面的反饋和聲音反饋。遊戲設計師甚至把聲音反饋看得更重要。我兒子說的每一句話，或每一個觸屏動作，電腦都會給出即時的聲音反饋，有鼓掌聲，有叫噓聲，有清脆的水晶落地聲，有戛然而止的關門聲，有彈跳聲。這些生動的聲音反饋讓最好動的男孩也變得專注起來。

我在課堂上也經常使用這個方法。當我給學員講故事時，如果我平鋪直敘，用高冷姿態去講，那麼效果肯定一般。但如果我戲劇化一點，哪怕在模仿故事裡的人物說話時稍微誇張地來幾個語氣詞，比如「欸，哦，呀」，或者模擬幾個聲音「啪，拍桌子」、「噔噔噔，跑過去」，效果立刻就出來了。

哪怕是一個最簡單的語氣詞「嗯」，也有神奇的表情符號功能。

一聲的「嗯」，表示緊密的跟蹤。
二聲的「嗯」，表示濃濃的好奇。
三聲的「嗯」，表示深入的思考。
四聲的「嗯」，表示完全的肯定。

用擬聲詞和語氣詞來呈現有表情的語言，這應該是三種方法中最簡便易行的。

## 開啟人體五官體驗的語言

引經據典、提出哲學反思、羅列科學數據，這些手法對於社交微交談來講太高深，很難用得上。怎樣把對方吸引過來？我們在遣詞造句的時候，不需要奇思妙想或天賦異稟，只需要稍稍用心，就可以製造出不一樣的效果。

你覺得微交談就是聽覺的單一體驗嗎？當然不是。我們體驗任何事物或活動，都可以用到五官的感覺：聽覺、視覺、嗅覺、味覺、觸覺。然而，過快的生活節奏讓我們咬著牙關掉了自己的其他感官，只開啟了一個感官，去快速完成手頭的事情。英國心理諮詢師雅基．馬森指出：「這樣，我們便剝奪了自己享受更豐富體驗的權利，甚至錯失了收穫喜悅的快樂。」

所以，在和他人微交談時，表面上是你說，他聽，你給他提供聽覺體驗；而實際上，你還可以開啟他其他的感官體驗。你能不能讓他看到、聞到、嘗到、摸到你的故事？我來舉幾個例子。

記得二〇一八年七月，我坐在從深圳飛往北京的CA1368航班上。飛機馬上就要起飛了，此時機長廣播突然響起：「我們突然收到通知，需要原地等待四十分鐘。您可以看看電影，或放下座椅靠背，閉目養神，在咖啡的清香中享受一段難得的悠閒時光。」其中，「咖啡的清香」開啟了我的嗅覺體驗。

有人談到去迪士尼樂園的經歷：「那是很香甜的經歷。我們是春天去的，整個樂園飄著各種花香，到處都是甜甜的音樂、甜甜的笑臉。」其中，「香甜」開啟了我的嗅覺體驗和味覺體驗。

有人談到樓上鄰居裝修：「一錘一錘地，不知道敲什麼東西，就像一錘一錘敲到我腦子裡的神經上，帶來有節奏的鈍痛。」其中，「鈍痛」開啟了我的觸覺。

有人聊到兒童樂團的歌聲：「每次去聽兒童樂團唱歌，都覺得那聲音真是美到只需要歌聲，不需要伴奏，空氣裡飛舞著來自天堂的透明精靈。」其中，「飛舞著透明精靈」開啟了我的視覺。

有人聊到她生產後發胖的窘境：「那個時候我胖得呀，如果哈哈大笑，眼睛就基本看不見了，上衣的釦子還可能會蹦的一聲飛出去。」這個例子描述得很生動，既開啟了我的視覺，又開啟了我的聽覺。

有人聊到早上推開咖啡館門的那一刻：「哇，那就是天堂般的香味。」這是視覺和嗅覺的揉合。

你注意到了嗎？要開啟對方的五官體驗，常用的方法是使用比喻的修辭手法、創造通感和還原畫面。

一個人如果經常使用比喻、通感和畫面來說話，說明這個人有精確表達的習慣。擺脫使用不必要的形容詞的壞習慣，將它們換成比喻，或創造通感，或還原為畫面。

「領導力語言工作室」的創辦者、英國的西蒙．蘭卡斯特鼓勵我們使用這幾種隱喻，以彰顯自己身上的領導氣質：關於人的隱喻、關於食物的隱喻、關於氣候的隱喻、關於自然的隱喻。因為這四類隱喻在三萬年前也起過作用，它們是「更自然、更永恆的隱喻」。

馬雲曾做比喻：「電商在美國是甜點，在中國是主食。」

井岡山時期，毛澤東非常重視根據地建設。他曾做過形象的比喻：「革命要有根據地，就像人要有屁股，人若沒有屁股，便不能坐下來；要是老走著，老站著，定然不會持久；腿走瘦了，站軟了，就會倒下去。革命有了根據地，才能夠有地方休整，恢復氣力，補充力量，再繼續戰鬥，擴大發展，走向最後勝利。」

交談，不僅是聲音和話語，還是一次多面向的感受。兩人就像在如茵的草地上，享受煦暖的陽光、啾啾鳥鳴、陣陣花香。不求完美，但求愜意。

在社交場合，當人人都顯得很有邏輯時，表達方式就起關鍵作用了。這三個方法能增加你話語的黏著度，讓別人喜歡和你聊天，進而喜歡上你。

## 不要平鋪直敘

談話對各種年齡的人而言都有其樂趣，是很合理的消遣。

——吉斯特菲爾　英國著名的政治家、外交家

我不幽默。幽默是一種天賦，幽默的人在任何場合都是最受歡迎的那一位，我望塵莫及。但是，我一直都有幽默感，我能迅速地判斷出人群中誰是那個幽默的說話者。後來當我開始研究微交談是怎麼一回事時，我發現，像我這樣天生不幽默的人根本不用自卑，其實只要說話有意思，同樣會受到歡迎。

運用一些簡單的方法就能做到說話有意思。我這裡介紹三種方法。

方法一：用「猜、猜、猜」把你拉回純真。

在眾多童年樂趣中，猜謎一定排在前列。與其直接遞給孩子一樣玩具，不如將其握在手心裡，讓他來猜。他猜中後那一蹦三尺的興奮感，能夠感染整個房間。

「猜、猜、猜」的方法，可以讓一次微交談充滿「探秘、揭秘、發現」的趣味。我舉個例子：

在地鐵站的月臺上，你看到一個美女正在看雜誌，並瞥見了那頁的標題是〈「九〇

後」最愛的中國十大體育明星〉，你可以猜到，這裡面肯定有劉翔。於是你告訴了那位美女。

她回答：「對，有的。」

你又說：「郭晶晶也在裡面嗎？」

她說：「呦，郭晶晶落選啦。」

你可以說：「可惜啦，我就很喜歡她。她是我們河北老鄉。」

話題就這樣打開了。

為了充分挖掘猜謎遊戲的樂趣，我建議你用以下方式提問。

不要問：「你從哪裡來？」

而是問：「你從哪裡來？等等，讓我猜猜。給我兩個提示吧。」

不要說：「香港貌似很擁擠，可上海人口是香港人口的三倍多。」

而是問：「你猜猜，上海和香港，哪邊人口多？」

不要問：「你最喜歡看哪部美國電視劇？」

而是問：「你最喜歡看哪部美國電視劇？等等，讓我猜猜。給我兩個提示吧。」

在你們剛剛認識時，讓人猜職業是一種很有趣的開場方式。

甲問：「你是做什麼的？」
乙回答：「我這個職業啊，一天之內飛三個城市，還四處旅遊不要錢。」
甲說：「導遊？」
乙說：「真聰明，你是猜得最快的人哦。」
甲問：「你是做什麼職業的？」
乙回答：「我做的是最厲害的職業，每個人見到我都要乖乖地脫下帽子。」
甲說：「讓我猜猜，理髮師？」
乙說：「厲害！」

甲問：「你是從事哪一行的？」
乙回答：「嗯，我是拿著顯微鏡的水管工。」
甲又問：「這是什麼職業？」
乙指了指腦門，說道：「給你一個提示，研究這兒的。」
甲說：「腦神經科學家？」
乙說：「快猜中了，我是腦科醫生。」

甲問：「你是從事哪一行的？」

乙回答：「我呀，幫人聚焦，讓他們看東西更清楚。」

甲說：「賣放大鏡的？」

乙說：「我也想做啊。賣放大鏡的絕對沒有我們辛苦。」

甲又問：「那你是做什麼的？」

乙說：「你想聽真話還是假話？」

甲說：「嗯……真話。」

乙說：「那聽好了。我們吃飯要狼吞虎嚥；我們要生得一副好膀胱，要忍得住渴忍得住餓，還要忍得住睏，並且要有五秒鐘也能打個瞌睡的本領。我們見到水龍頭就想洗手；我們的工作只能做好，不能搞砸，否則需要一位保鏢護駕！」

甲說：「天啊！你做什麼的呀？」

乙說：「江湖美名——披著白大褂的天使啊。我是眼科醫生。」

這位醫生寥寥數句，就把這個光鮮職業下的驕傲和無奈描繪得既真誠又生動。這是一種我們可以仿效的方法。比如，套用在我身上，我可能會這麼說。

甲問：「你是做什麼的？」

我說：「我這個職業啊，是最自由，也是最不自由的。」

甲說：「此話怎講？」

我說：「要有超人般的體力，小病不下線，大病還得死撐；要有非凡的適應力，能在五星級飯店和商務快捷飯店之間自由切換，在飛機商務艙和當地黑車之間自由切換；還要忍受與家人的離別，每次回家行李箱還沒打開就又要上路了。對了，還要隨時出戲和入戲，在雷鳴般的掌聲之後的下一秒，我可能就在計程車上孤獨地睡過去了。」

甲說：「好慘，你到底是做什麼的？」

我說：「你猜一猜，我們提供的服務更周到，陪聊陪笑，對了，還要陪吃陪喝。」

甲說：「企業培訓師嗎？」

我說：「正是！」

有一次，我在一家沙拉店吃東西，對面坐著一對年輕男女。那個男孩真是會聊天。

他說：「你選的這個沙拉套餐裡，有三種食物，是負熱量。你猜是什麼？」

女孩就好奇了，問道：「負熱量，什麼意思？」

男孩說：「消耗它的熱量比它本身的熱量還要更高，也就是，你吃它比不吃它更消耗熱量。」

「哇！」女孩低頭用她的叉子扒拉著餐盤，仔仔細細地檢查，「我猜是胡蘿蔔、黃瓜、番茄？」

「對啦。」男孩這時又接著開始猜謎遊戲，「我剛剛從這個角度看你，發現你的側面長得很像一個明星？」

女孩說：「是嗎？沒有吧。是誰？」

男孩說：「你自己真沒發現？」

……

你發現沒？這個遊戲可以一直玩下去。和對方玩猜謎遊戲，是說話風趣最簡單的方式。這種方式可以讓對方放鬆，打開他的話匣子，回到童真的快樂中。

方法二：借用反邏輯的基本公式。

在兩千五百多年的哲學推演和心理實驗後，大多數學者把幽默歸結為「不一致」（incongruity）。而有專家指出，為了將「幽默」與「驚訝」、「悲劇」、「冒犯」區分開來，不一致不是最好的詮釋，更精確的詮釋是「無害的冒犯」（benign violation），它指的是一方面威脅到人們安寧、身分、正常認知，另一方面又顯得很不錯的表達方式。我說得簡單一些，幽默是反邏輯且有度的。常用的關聯詞是「既然……就……」、「之所以……是因為……」（注意，只要邏輯反轉即可，不一定非要用上關聯詞）。比如：

既然你說得這麼有道理，那就按照我說的做吧。

既然這道菜這麼對你的胃口，那就轉到我們這邊來吧。
既然大家聊得這麼開心，那麼我們就現在結束吧，哈，不敢耽誤大家明早上班。
既然你如此喜愛這幅畫，那我就把它好好收藏在我這兒。
方圓一公里的路全堵住了，看來大家都知道今天的活動食物都是免費的。
今天散會後，估計大家都睡不著覺了，因為在會場都睡夠了。
我媽老勸我：「多吃一點，這樣才有勁減肥啊。」

而且，一句話的幽默可以被拆成一小段對話。在《八十五個實用好學的幽默技巧》中，我看到了三個學習素材，經過我的改編，我發現它們也很適用於社交場合。
大夥兒正在談論興趣愛好。

你說：「我學了五年鋼琴了。」
眾人讚道：「那你肯定彈得很好了。」
你說：「嗯，終於敢去貝多芬面前彈了。」
聽後，大家一陣驚詫。
你又補上一句：「耳聾多年的貝多芬。」
甲說：「這首曲子很好聽啊，很耳熟。」

乙說：「對的，你知道她彈的什麼嗎？」

甲說：「鋼琴。」

大夥兒正在談論電影。

他問你：「那部電影好看嗎？」

你回答道：「導演對電影節奏把握得很準，真正做到了和觀眾心有靈犀。」

他說：「真的啊？」

你說：「電影快放完的時候，觀眾已經走了一大半了。」

「無害的冒犯」這個公式夠簡單吧。鄭淵潔經常用這種反其道而行之的邏輯——既然早起的鳥兒有蟲吃，我們就晚點吧，早起的蟲子被鳥抓了。

方法三：憨憨地直白解讀。

略顯傻氣的直白回答，也可以製造趣味。比如，當有人問你們家有沒有養狗，你可以回答：「有，有一隻單身狗。」吳宗憲特別喜歡用直白的諧音效果來製造歡樂。

吳宗憲曾在節目裡問嘉賓：「你在大學主修鋼琴，那請問，你畢業之後修了多少架鋼琴？」

當小小溜冰天后從節目中出場，吳宗憲說：「各位，天后級的人物……」

阿雅說：「對！」

吳宗憲說：「為什麼是天后級的人物？因為家裡住天后宮隔壁！」

吳宗憲曾和女嘉賓聊到愛馬仕包，對方表示愛馬仕包比較不會撞包，他說：「撞包？有人過來你稍微閃一下就好啊，幹嘛怕撞包呢？」

還有一次，有個嘉賓是賣新疆烤饢的，吳宗憲的搭檔問嘉賓：「我想請問老闆，比如說女生買回家後，能就放冰箱嗎……」

他插話道：「女生買回家啊?!人口販子啊？女生買回家，就直接處理了，你還放冰箱啊！」

我聽到有人聊到DISC人格[支配型（dominance）、影響型（influence）、穩定型（steadiness）、服從型（compliance）]的時候，他問對方：「我是I型，影響型的。你是哪種？」

對方說：「我不知道。」

他篤定地說：「你不用測了，你肯定是C型的。」

對方說：「你這麼肯定？」

他說：「你肯定C型啊，Cute，人見人愛型。」

有人問你：「你母校是哪裡？」

你可以笑著說：「我母親的學校是××學校。」

以上三種方法你學會了嗎？方法一是，我不直接告訴你，而是讓你來猜；方法二是，我不順著你的邏輯來，而是反轉邏輯；方法三是，我對某些字眼做非常規的解讀。這三種方法都是在製造意外和起伏。有了意外和起伏，談話者的緊張感就減弱了，還有了適度的刺激感。幽默是一種試探對方情緒和交談開放度的方法，獲得正面信號後，你可以繼續用幽默讓交談迅速升溫。於是，微交談變得有意思起來。

最後提醒你，你如果用本篇一開始吉斯特菲爾建議的「消遣」態度去看待談話，就自然能創造和享受交談帶來的樂趣。當今時代節奏很快，人們養成了多任務處理的習慣。千萬別把這個習慣帶到交談中，因為多任務處理鼓勵的是簡單扼要，遵循的是辯論節奏——辯論不是交談。辯論讓我們持續地警覺，而不是放鬆。感謝上天，正因為有交談，我們才能偶爾放鬆，偶爾享樂，我們才不會在越來越快的節奏中失控。

## 「計畫」與「即興」之間的平衡

整個世界是一個舞臺，所有男女不過是這個舞臺上的演員，他們有各自的活動場所，一個人在其一生中要扮演很多角色。

——莎士比亞

通過第二篇中各種方法的學習，你是否意識到，微交談，就是「計畫」與「即興」之間的表演。

二十世紀有一位最為出色的社會學家——高夫曼。他提出了「擬劇論」：人類的所有社會活動，本質上很像在舞臺上演戲。

這和莎士比亞那句著名的「整個世界是一個舞臺」是一個意思。仔細想想，人生就是從一個角色到另一個角色，從一部劇到下一部劇，有表演成功的，也有失敗的。所以，人生的自我管理，其實就是角色管理。在微交談中，你我該如何扮演這個社交舞臺上的角色呢？在戲劇界有兩種基本表演方法：美式法，由裡及表；歐式法，由表及裡。我認為兩種方法都值得借鑑。美式法是為自己設計好角色。相信自己扮演的角色，相信自己具有扮演這個角色的資格，並相信自己是在一種理想的動機下扮演這個角色。同時，歐式法也值得借鑑：我們要學習技巧顯得很高興、很激動、很關切，這樣做之後，你也會開始感到高興、激動；通過改變外在行為，來改變內心。

而不管借鑑哪種方法，微交談這場表演，都是計畫與即興的平衡藝術。何為計畫？我在第二篇裡教你的各種打開交談、深入交談的方法就是計畫，此外，你還要準備自己的故事，有條件的情況下要提前瞭解對方，找到雙方交換價值的切入點。何為即興？你對他並不熟知，這種新鮮和陌生，能刺激靈感爆發，讓你關注當下，相時而動。雖然手裡有腳本，但你每分每秒都在即興表演。我認為微交談的魅力就妙在即興！因為即興，一次微交談可以演繹出無數種可能。比如，突然離題，之後又神奇地繞回來；比如，意外發現某人或某事的新奇之處；比如，面對一個突如其來的問題，你的靈感閃現。每一次微交談都是混亂無序的。沒問題，我們歡迎混亂。甚至，為了製造驚喜，我們還要製造混亂。

這場表演的真正難點在於，你的即興和你的計畫是否相符。用高夫曼的理論來講，你在社交中表達個體的兩種符號活動——給予的（give）和流露的（give off）——是否一致。對方在和你互動的當時，無法檢驗你故事的真實度，但他不斷地通過感官去檢查你的give和give off是否保持了一致。讓它們保持一致有個核心方法：目標角色一致。比如，你和偶遇的校友聊天，你的目標角色是「念舊的學弟」；你和領導聊天，你的目標角色是「上進的雇員」；你和參加會議的同行聊天，你的目標角色是「專業的研究者」。你的故事腳本和你的即興發揮，都是為某個社交場景的目標角色服務的。只要你的故事圍繞這個目標，目標確定了，你的表現和細節自然就到位了。緊張得心中小鹿亂撞沒關係，只要它們撞向同一個方向就好。

作為一個能駕馭微交談的藝術家，一個人時時刻刻都應提醒自己，要在計畫與即興之間保持平衡。如果計畫太多，即興太少，會過於在乎自己損失了什麼，過於「保全面子」；反過來，如果即興太多，計畫太少，交談容易流於表面、粗淺，最終成為泛泛的社交。

# 第三篇

# 拓展人脈圈

## 7 心理暗示：讓你愛上交談

我不解決問題，我解決思考模式，問題則自然而解。

——露易絲．賀《生命的重建》作者

真正的改變，都是從認知到行動；一切有意義的改變，都是從內到外。正如聖經裡的那句箴言說的那樣：「因為他心怎樣思量，他為人就是怎樣。」

如果要真正地把社交習慣融入生活，我們首先就需要從認知上切換思維方式來看待社交，從而不排斥社交。《哈佛商業評論》曾介紹過四種方法：第一，專注於利用社交來學習新的知識；第二，找到共同利益，讓社交具備實質意義；第三，思考你能給予什麼；第四，找到更高的目標，會讓你覺得社交更純粹、更體面。

帶著這四點認知，我們會更積極地投入社交行動。在行動的過程中，有沒有方法能讓自己進一步愛上社交，真正享受社交？我們可以嘗試將心理暗示貫穿於整個行動。每個人都可以找到在自己身上產生作用的心理暗示。

有人說，他的心理暗示法是：體內小宇宙爆發，因為社交需要高能量。他平時是一個低調沉穩的人，而在幾十分鐘的社交內，要爆發出高能量。他通常會在參加社交之前養精蓄銳，盡量保持安靜。在進入社交場所之前，他會做一個能量儀式：閉上眼睛，深吸三口氣，想像宇宙中的能量隨著這三口氣注入體內，刺激他小宇宙的全部能量，然後，上場了！

還有人告訴我，他的心理暗示法就是，「我參加的是一個好玩的聚會」。可不就是這樣嗎？這個世界就是一個好玩的大聚會。在這個聚會上，沒有陌生人，只有還沒有認識的朋友。在這個聚會上，資訊大交融、樂趣大衝撞。相信我，聚會上大多數人比你想像得更友善寬容。最糟糕的情況不過是他不理你而已。那又有什麼關係呢？給你透露一個小秘密，在我做研究和培訓時所做的問卷調查中，沒有出現過一個例子是你善意地搭訕卻遭到對方拒絕的。

不要小看心理暗示法。通過冥想腹中有火焰，可以提高體溫；通過冥想嘴裡有檸檬片，可以促進分泌唾液；通過冥想指甲尖滑過玻璃的吱嘎聲，你會難以忍受。心理的力量大到超乎你的想像。心理的力量能徹底改變你的情緒和生理狀態。

我習慣用音樂來做心理暗示。音樂能激發我內心深處積極的情緒，積極的情緒可以直接兌換成社交貨幣，讓我收穫滿滿。

和你分享一下我在社交過程中，心裡偷偷哼唱的三首歌曲。

## 頓悟

第一首歌曲，〈你鼓舞了我〉（You Raise Me Up）。

這首歌曲由新世紀音樂樂隊秘密花園（Secret Garden）創作，至少已被全球一百多位藝人翻唱過。這首曲子和神蹟與崇高有關。當它的旋律在我腦海裡迴盪時，與他人的交談變成了這個世界給我的祝福；同時，它也是我對這個世界表達愛的出口。每次和他人的連結，何嘗不是一個發生神蹟的機會？當把崇高注入平凡的交談時，我更無畏，更超然，更愉悅。

我的很多次「頓悟」，都是在交談中獲得的。記得當我在為孩子擇校發愁時，我和一位教育界人士聊到了這個話題。

我說：「我仔細研究過，有些昂貴的私立學校，外籍老師的資質挺一般的，校園設施也和公立學校差不多，感覺CP值並不高。」

她一語中的，說道：「公立和私立的根本差別不在於學費，也不在於學生或老師的素質，而在於師生比。」

我一下子豁然開朗了。沒錯，師生比決定了老師的注意力聚焦在哪裡。如果師生比是1:50，那麼老師的注意力將聚焦於教學大綱的正常進度，當某些學生在某些方面表現得非正常時，他們就成了問題小孩。如果師生比是1:20，那麼老師的注意力將聚焦於學生個體，保持教學進度不是首要目標，找到問題小孩絕妙聰明的那一面更重要。

這大概就是美國很多家庭選擇home school（在家上學）的原因。那些父母，資質不見得比學校的老師高，但他們能夠完全按照孩子的興趣和接受程度來制訂學習計畫，而不是反過來操作。所以，教育者的注意力是最昂貴的。

這樣的頓悟時刻有很多。我還記得當年我煩透了辦公室政治，工作的熱情已經消耗殆盡，我很快找到了一份新工作，正和他人聊起這件事。

他說：「聽你的描述，這份工作和你上一份工作很像，如果你是因為不喜歡辦公室政治，並且厭倦了待在這個行業裡，那麼這樣換工作會不會是換湯不換藥？」

「換湯不換藥」這句話瞬間擊中了我。可不是嗎？新工作看似平臺更好，待遇更優越，但其實根本沒有擺脫過去的固有模式。

幸虧我和他有過這次交談，否則我還真下不了決心嘗試新職業。我相信凡是大膽切換過人生賽道的人，應該都有過這樣的頓悟時刻。這樣的時刻，大多是在和他人的接觸中被催化出來的。

美國知名領導力專家埃麗卡·德旺指出，社交會帶來連結思維，「連結思維是放大任何夢想最好、最有效率、最強有力的方式」。我的理解是，成就大事的人，常常有由外向內，再由內向外的連結思維，而連結思維，就是成就大事的基本邏輯。

所謂由外向內，就是與人建立的聯繫能激發你的好奇心和靈感，能催化思路的轉變、行動的轉變；所謂由內向外，就是當內心形成新的方向後，再從外部尋找和利用你能接觸的所有人的力量去實現它。在這個過程中，我們該問的不是「我知道什麼」，而是「我不知道什麼」。

我在開篇提到的那位生產銷售電子香菸的創業人士就具備這種由外向內、再由內向外的連結思維。他正如《連結時代》一書所說的，「當人們建立連結並彼此分享真實的東西和他們基本的天賦的時候，生產力、創新和工作滿意度都會提升。」

## 交換故事

第二首歌曲，〈最真的夢〉。

這首歌曲由臺灣音樂人羅大佑創作，周華健演唱。我們每一個人都是有故事的人。我們既有行業小故事，又有人生大故事。每個人都知道一些別人不知道的東西，這些東西是碎片化的，或者特別超前，或者特別在地化，或者特別隱秘，總之，你在手機上、電腦上、書上看不到。在這個資訊多元的時代，一次次的微交談會調整你對這個事件、這個行業、這個城市，甚至這個時代的見解。我始終相信重要資訊在非正式管道裡流通。

人們用交換故事的方式，來鞏固和切換社會階層。故事，讓人們理解對方的價值和獨特性，進而讓人們感到被接納，受歡迎。哪怕面對社會階層更高的人，我們能給予的東西也比我們意識到的更多。金錢、社會關係、技術、資訊是顯性資源，感恩、認可、聲譽是隱性資源，它們都可以蘊藏在故事中。

我們與對方交換故事的同時，也把人生的各種豐富的可能性打開了，原來我們的人生可以有更大的廣度和深度。記得一位調香師和我分享過一個故事，一家金融機構要求他們調適出一種讓客戶覺得很安全的香氛，他決定用馥奇香做基底（這種香味最「德高望重」），減少薰衣草（因為太「飄」），加重柏木香和香根草（這是經典「男士香」），琥珀香減低甜味（這樣更沉穩），最終客戶很滿意。自從聽了他的這個故事後，我只要一推開銀行大門，就會用鼻子努力地探尋空氣中那種讓顧客感覺安全的香氛；並且，這個習慣還被帶入我逛商店、走進飯店大廳、打開商品包裝的那一刻，我一邊聞，一邊體驗商家如何利用氣味來影響顧客。瞧，他的故事打開了我生命中芬芳美好的一面。

## 確認眼神

第三首歌曲，〈醉赤壁〉。

〈醉赤壁〉裡有一句歌詞：確認過眼神，我遇上對的人。這不正是線下社交的魅力嗎？沒確認過眼神，你敢說你遇上的是真正對的人嗎？線下社交具有真實感。

《紐約時報》暢銷書作家丹．施瓦貝爾曾指出：「你的關係，乃至你的社會資本，取決於你的真實性。」你需要以最真實的面貌結識他人。在真實的空間，和鮮活的、有氣息的、真實的人締結情感，彼此傳遞真實的活力，其實是一種非常真實的快樂。

現在，虛擬世界和真實世界的界限越來越模糊。通過手機點外賣，我們不再需要和餐館小夥子打招呼；GPS（全球定位系統）導航，讓我們省去了找人問路的麻煩；英語學習軟體，讓我們停止去英語角（English corner）；問候簡訊，代替了我們登門拜年的傳統。種種替代現象，加速了人們生活的步伐，讓人振奮；同時，這也讓人困惑。因為，虛擬世界無法帶來生命的真實感和充盈感。

在和餐館小夥子打招呼時，我不僅能告訴他需要點哪些餐，還能和他共同對當日交通的狀況做一番吐槽；在找人問路時，我能從當地人的言行舉止中感受這個城市的氣息；在英語角裡，我能從學習夥伴說英語時緊張的雙唇、微紅的臉頰上獲得自我鼓勵；在登門拜年時，我和親友的擁抱，彼此傳遞的溫暖是無法用言語替代的。

社交觸角伸出去的時候，我們不僅交流資訊，還交流心情、感悟。所以，現代人的孤獨在於，我們碰觸到了過量的資訊，卻碰觸不到靈魂。

所以，以慕課為代表的線上教育剛開始的時候人們趨之若鶩，但不盡如人意；遠程辦公早就實現了，但人們還是渴望聚集在同一個空間裡，碰撞思想，共同合作。

有了這三個心理暗示法，每一次與陌生人交談，於我而言都不再是一種負擔，而是一份禮物。它每天都在為我的生活增添新鮮元素。

希望你也能找到在你身上產生作用的心理暗示法。沒有普遍適用的最好的心理暗示，只有對你來說最好的心理暗示。

有了心法，再練招式，無敵！

# 8 如何用線上通訊軟體交談

人與物、人與服務的連結，關鍵就在於人工智慧。可以說，整個人類的「朋友圈」規模將會從幾十億，擴大為幾百億，甚至幾千億。這就是我們所說的「大社交」時代。

——馬化騰

## 讓「狀態全滿」的連結更有品質

告別時互加線上社交軟體好友，等於雙方默許了關係可以更進一步。這樣的告別，並不是真正的告別。現代技術能讓我們通過全球衛星系統彼此定位，通過高速WiFi（無線網絡）在社交媒體上彼此追蹤，現代技術為我們創造了持續連結的機會，而且是「狀態全滿」的連結。

什麼是「狀態全滿」的連結？用美國暢銷書作者喬舒亞．庫珀．雷默的話說，就是「不斷持續、永遠運轉的連結」。老一輩在家中對家人、在學校對朋友說「回頭見」時，他們就真的拜拜了，他們中斷了連結狀態。而當今一代從未真正離開彼此，我們揮手告別時說的「回頭見」，那就是回頭見、遲些見面——遲些我們在skype（一款即時通信軟體）視訊裡、臉書上、線上聊天中還會見面的。

「狀態全滿」的英文是statefulness，這本來是電腦系統設計師對高速連接的極點的稱呼。其中的「state」指「狀態」，我們可以理解為電路的帶電狀態和不帶電狀態、接通開關狀態和切斷開關狀態。

這種「狀態全滿」的連結讓現代人越來越疲憊，讓現代人的時間越來越擁擠。我們養成了拿著手機「刷刷刷」的習慣，我們還會產生錯覺，好像朋友圈裡的人是我們真正的朋友。同時，隨著朋友圈的擴大，我們卻感覺越來越孤獨。雖然狀態全滿，但連結品質低。

我不提倡花大量時間瀏覽朋友圈，因為時間很容易被碎片化地浪費掉。但是，我認同用線上通訊軟體來「協助」社交，因為如果線上社交做得好，就可以讓狀態全滿的連結更有品質。我們可以選出優質聯絡人，用線上通訊軟體聊天的方式來彌補線下不常見面的疏遠感，維護我們之間的熟稔度。如果說線下的偶爾見面是「點」，那麼線上的持續社交就是將這些點連在一起的「線」。

首先，用線上通訊軟體而不是電話，作為重複聯繫的工具。一是線上通訊軟體方式看起來沒那麼饑渴；二是它保證了對方接收資訊時的舒適度。現在已經很少有人願意接陌生號碼的電話了。在職場上，國外更多的是電子郵件文化，國內則是即時通信（IM，instant message），最常見的軟體就是LINE。為什麼有這樣的差異？東方的溝通文化是泛指的溝通，人們習慣去揣測和暗示，而即時通信比郵件更能提供這種能讓人揣測和暗示的場域。這意味著，在線上通訊軟體聊天時，我們不僅要關注內容，還要關注如何構建一個和諧的聊天場域。

那麼，線上通訊軟體聊天可以怎樣開場，怎樣進行，怎樣結束？

其實，比起現場聊天，線上通訊軟體聊天沒有時間上的壓力，雙方都有足夠多的時間來思考話題、斟酌用詞，同時，這也意味著，我們對線上通訊軟體聊天的品質要求更高。

## 發起交談

開場的話題，可以是對方生活或工作中發生的新鮮事。

看到你國慶假期去義大利了，玩得很開心吧！

恭喜你，課程在得到上線了。

換新頭像啦，好清新！

開場的話題，還可以是你身邊發生的事情，而這件事情讓你想起了他。在線上通訊軟體交談中，你可以提及最近上演的電影，或者新發現的一家餐館、美甲店。比如：

你發訊息給對方：「剛剛在一家湖南菜館吃飯，裡面的臭豆腐味道極佳，肯定是你的菜。」或者：「向你這個史蒂芬．史匹柏的頭號粉絲報告一下，我下午會去看電影《一級玩家》，據說裡面有彩蛋。」

如果是和很久沒有聯繫的老朋友聊天，在通訊軟體上的開場話題可以是一張過去的老照片或老物件。我有一個習慣就是，當我看到過去的老照片時，一定會拍下來，發給照片上的老朋友。和對方一起尋找過去的記憶，尤其是愛的記憶，可以讓對方感受到幸福。

我經常這樣開場：「我還記得上大學那時候，你就是我們宿舍的活鬧鐘，每天第一個準點起床。」

或者：「我很懷念那個時候，一到週末，我們就去商業街頂頭第一家吃燒烤。」這是能給雙方製造「小確幸」的聊天，這些微小但確切的幸福，為生活創造了小小的快樂。

你學會了在線上通訊軟體上破冰後，我們再來升級。怎樣讓對方自然地接話？你要拋一個鉤子出去，牽引出他的談話資料。比如，在剛剛那些破冰的話後面，你可以再加上一個鉤子。加了後面那個鉤子，對方自然就和你互動了。

看到你國慶假期去義大利了，玩得很開心吧！我也在規劃去義大利，請教一下，哪個地方絕對不能錯過？

恭喜你，課程在得到上線了。你覺得做線上課程和線下課程有什麼不一樣嗎？

換新頭像啦！這個頭像不太像天秤座呢。

剛剛在一家湖南菜館吃飯，裡面的臭豆腐味道極佳，肯定是你的菜。要不約一起？

向你這個史蒂芬．史匹柏的頭號粉絲報告一下，我下午會去看電影《一級玩家》，據說裡面有彩蛋。你最近有看什麼值得推薦的電影嗎？

我還記得上大學那時候，你就是我們宿舍的活鬧鐘啊，每天第一個準點起床。現在還是一隻早起的鳥嗎？

我很懷念那個時候，一到週末，我們就去商業街頂頭第一家吃燒烤。你知道那家店還在嗎？

線上通訊軟體聊天時，你要注意，不要用以下詞語開場：「在嗎」、「有空嗎」、「忙嗎」、「睡了嗎」……我看到這樣的訊息時通常是心頭一緊，我會想：你要幹什麼？這種問對方當下狀態又不說明具體事情的發問方式，製造了一個讓對方很緊張的場域，他往往不知道如何回應。你既然使用的是線上通訊軟體留言功能，至少就不要期待對方馬上回應。如果你希望對方在實時在線時才能聊這件事情，那麼，留言和他約個時間溝通更合適。

## 長短句的藝術

我給你一個原則：事情的邏輯越複雜，我們越要簡潔地表達；事情的邏輯越簡單，我們越要用長句子來緩和語氣，表現修養。

首先，事情的邏輯越複雜，我們越要簡潔、清晰、乾脆地表達，不能讓人越聽越繞。怎樣做到這一點？

方法就是，凡是能用一行字講清楚的，就不要用兩行字；凡是能列清單的，就按順序列出來；凡是能分段的，就按照語意一條條地表達。就像寫文章時分段一樣，你的思考以段落為單位，在短訊聊天中，你的思考如果也是以每條短訊為單位，對方就會覺得你很有條理，也方便對方有針對性地給你回覆。

同時，我還要提醒你不要走入另一個極端，有的人一句話發一條短訊，這樣做也不對，會顯得很沒有結構化思維能力。

如果事情的邏輯並不複雜，那麼，這時在語言的處理上就要反過來做，用長句子來表達。因為短句子往往顯得簡單粗暴，而修養體現在說長句子中。

我再說一遍，「修養體現在說長句子中」，是不是這樣？你仔細想想，在社交場合，如果主人問你：「要來杯茶嗎？」有人就答一個字：「好。」也有人會回答：「好，謝謝！」但越有修養的人會說得越長，比如「太好啦，我正需要一杯，非常感謝您」。

又比如，你帶女友去餐館，點餐的時候，你會對服務生說「這位女士需要一份美式阿拉斯加香煎蒜蓉鱈魚排」，還是「她吃魚」？

莎士比亞說，「世界是一個大舞臺」，我非常贊同。你的語言表達方式背後，體現的是你想扮演的那個角色。

在線上通訊軟體聊天中，多一個字和少一個字的效果是不一樣的。比如：

好＝我同意了

好噠／好嘞／好的＝我高興地同意了

嗯＝我知道了

嗯嗯＝我高興地知道了

你看，就差一個字，文字語言表達出來的情緒就不同。

另外，為了讓聊天進行得有趣，你可以描述正在進行的畫面，讓對方有現場感。比如，對方告訴你他正在海灘上曬太陽，你可以說：「羨慕呀，我還要在廚房奮鬥兩小時。我家老大和老二正在搶黃瓜做武器，哼哼哈哈打作一團。」

而且，不要用太籠統的詞，比如「好」、「棒」、「顏值高」等，因為在你有足夠的時間選詞的情況下，線上通訊軟體聊天要求你用更細化的同義詞。挑出一個特別的詞誇對方，對方一定會記住，因為這個詞只有你會用，如「中國版巴菲特」、「楚楚動人」等。

以上就是線上通訊軟體聊天進行中需要遵循的一個原則：事情的邏輯越複雜，我們越要簡潔地表達；事情的邏輯越簡單，我們越要用長句子來緩和語氣，體現修養。

## 結束交談

在線上通訊軟體交談中，有這樣一個規則，誰發起的，誰就來結束。如果是對方發起的聊天，而你沒聊幾句就要結束了，這很容易讓對方覺得你敷衍他。

如果這次聊天是你發起的，那麼你可以根據他每次回應是否夠快，是否在延展話題，來判斷他是否投入這段交談，以決定你結束聊天的時機。你的結束語可以是「時間不早了，你該休息了，改日騷擾」。注意，是「時間不早了，你該休息了」，而不是「時間不早了，我該休息了」；或者，你的結束語還可以是「每次和你交流都有收穫，我們保持溝通」。

最後，我再補充幾個使用線上通訊軟體交談時需要注意的點。

第一點，當對方看到你此刻發的朋友圈時，他一定知道你在線上，這時，你對他發過來的訊息要第一時間回覆。

第二點，請養成在線上通訊軟體上詢問是否方便打電話，並預約打電話時間的習慣。為什麼？你有對方的線上通訊軟體卻不用，而是突然給他打個電話，這也是一種冒犯。

第三點，當對方在線上通訊軟體上告訴你一件重要的事情，比如，奶奶去世了，或者和丈夫鬧離婚等，你要確保自己付出時間，和她深入交談。或者，你可以打個電話過去，在情感上給予充分的支持。這個時候，千萬不要有一句沒一句地回覆。

第四點，對方沒有秒回時，請學會等待，這是考驗你修養的時刻。越忙越重要的人，越做不到秒回。如果對方當天沒回，可能真忙暈了，你第二天可以提醒一下。不要當天重複地發送同一個問題。

第五點，如果要給人發語音，不要超過三十秒，注意，不是六十秒，而是不要超過三十秒，這一點很重要。大家的時間都很寶貴，沒有人喜歡聽語音。一條寫出來的訊息，我可能幾秒就能讀完了，如果你發語音，我還得拿起手機，貼著耳朵，花上幾十秒來聽，實在不爽。所以，用線上通訊軟體發訊息時，我提倡盡量不發語音。什麼時候才可以發語音？當你覺得文字表達不出情感，比如隆重感謝、熱誠祝賀、萬分歉意，或者文字難以解釋清楚複雜的來龍去脈時，你可以用語音表達。

# 9 創造下次交談的機會

溝通的意義就在於你得到的回應。

——索姆．哈特曼　美國廣播電臺主持人

## 製造再聯繫的理由

在與人告別時，就是檢驗上面這句話的時刻。

人們想要和你繼續保持聯繫，不過兩個原因：他喜歡你；你有價值。所以，你在和他告別以前，需要製造出以下兩個理由：我們建立長期聯繫的理由；我們下次見面的理由。

交談快要結束時，你記得提醒自己：「把這兩個理由編進一句話中，並用這句話來結束。」之所以只用一句話，是為了不顯得過於殷勤。而這句話如果說得好，可能會為你創造關鍵的命運時刻。

這句話該怎樣說呢？我建議用下面三種方式。

第一種方式，播種。

你結束談話的模式千萬不要是「請問您有名片嗎？」，或者「可以加您線上通訊軟體嗎？」，接著就拜拜了。所謂播種，就是為再次聯絡留下線索，或再次聯絡時讓他記住你。

你可以根據你們聊天的內容，在快結束時提醒自己——只說一點，為什麼對方要和我保持聯繫，並用這句話來結束。比如，你可以說：「杜拜是個學習金融的好地方。你兒子從那兒畢業後，如果想待在金融行業，我很樂意幫忙關注這方面的機會，我的好幾個客戶就是金融行業的。」

又比如，當他提起本行業的另一個峰會，你可以說：「那個峰會我每年都參加，期待在那裡再次見到您。」

如果他提起兒子很愛收集賽車，你可以邀請他們父子倆去看上海F1方程式賽車比賽。

第二種方式，提出一個挑戰。

提出一個在對方專業領域很有意義的挑戰，將它變為你們共同的挑戰，然後吸引對方和你一起解決問題。成功者喜歡有意義的挑戰，以展示自己過人的才能。這樣，你不僅給對方留下了印象，而且引起了他的興趣，為下一次見面做了鋪墊。

如果他從事房地產行業，而你是做互聯網的，那麼你可以在交談快結束時這樣聊：「在限購政策下，租賃市場出現了機會，現在的在線短租市場還沒有形成規模，說不定咱們以後有合作的機會。」

第三種方式，聊一聊未來的發展。

你們在交談時，可以將目光聚焦未來，聊一聊長遠發展。來日方長，這樣可以讓對方覺得你是一個有長期交往價值的人。

比如，我經常這樣結束交談：「我知道貴公司早已將發展方向對準海外。我是研究跨文化的，在如何向海外擴展業務方面，我們一定有很多可以交流的東西。」

如果對方提起自己在研究幼兒語言發育，那麼你可以說：「幼兒語言發育真的很重要，我有個朋友在做早教機構，也許可以幫你們收集一些實驗數據。」

我在美國的時候，非常仰慕一位作家，於是跑去聽他的講座。講座結束後，我有幸和他交談，我提及了幾個和他有相似風格的中國籍暢銷書作家，並告訴他我在中國也出了兩本書，建議他可以考慮將其著作引進到中國出版。我們雖然只聊了兩分鐘，但就在這短短兩分鐘裡，我展示了自己對他的瞭解，知道什麼對他很重要（作品的全球認可度，與同行的交流），我展示了自己可能給他增加的價值。當晚，他主動給我發了郵件。

## 如何互留聯繫方式？

聊天結束時，雙方彷彿仍處於喜劇的最高潮，你展示了自己的所有風采，並讓對方回味無窮。在互留聯繫方式的時候，你要注意以下幾點：

第一，離開前記得主動買單，花點小錢，但你卻得到了寶貴的經驗，這樣的投資很值得。同時，對方為了回饋你的善意，心裡會惦記著怎樣回請你，一來二去，你們的關係就親近了。

第二，當遞給對方名片時，你可以說：「稍等，我給你我的私人手機號碼。」當接過對方的名片時，你可以主動問他：「什麼方式聯繫您最好？」或者問：「您的助理怎麼稱呼？」然後在他的名片上做記錄。當然這要事前徵得他的同意。

有時候，我如果沒有時間在名片上做記錄，就會開啟手機錄音功能，花幾秒鐘迅速口錄我剛剛結識的朋友的特點，等回家後再做整理。

第三，在你們告別以後，你還要做兩件重要的事情：製作聯絡人資訊卡片；二十四小時內再次和他聯繫。

首先，製作聯絡人資訊卡片。穩固人脈關係不是靠記憶力，而是靠戰略式的管理和經營。

美國前總統柯林頓在人脈管理上給我們做了很好的示範。他曾在回答《紐約時報》記者問的時候說道：「我每天晚上睡覺前，會在一張卡片上記下當天聯繫過的朋友、時間、會晤地點，以及談到的某些細節，然後輸入秘書為我建立的關係網數據庫裡。」

你的這張人脈卡片，應該記錄了對方的愛好、職業、家庭成員資訊、重要日期、你們第一次見面、他的目標，以及你們相處時他透露的細節——他可能談到某個新網站，或者一個好用的應用程式 App，或者他的孩子剛升上重點高中。卡片上還可以持續記錄你日後追蹤他時你發現的某些細節。比如，他朋友圈記錄的他上一次的擔憂，他最近的計畫，他最近一次開心的體驗……卡片上哪怕只記下幾個關鍵詞，這樣的資訊都會對你的幫助很大，能提高日後你們聯繫的品質。

如果他上次和你見面提到牙疼，你可以在點甜點的時候順便問候一下他的牙。如果你的卡片上有足夠多的背景資訊，那麼你一見面自然會說：「你們的年會開得怎樣？」「你們家剛出世的那三條小狗都還很好吧？」「你上次去的那家壽司店我上次也去了，名不虛傳。」

每當你提到他生活中剛剛發生的事情，不論大事小事，你實際上都在向對方發送信號「你是我生活中的主角」。這些行為顯示，他就是你的明星。會交朋友的人，都會利用追蹤的技巧，就像粉絲追蹤自己的偶像一樣。

其次，二十四小時之內和他再次聯繫。

對真正想結交的人，你要在二十四小時內和他再次聯繫，也就是說，當你們的微交談還有餘溫的時候，要保持這種餘溫。你可以通過郵件、LINE、LinkedIn邀請等途徑。

當你再次和對方聯繫時，內容可以包括這幾個方面：感謝他和你交談，邀請他和你保持聯繫，提供一些對他有價值的資訊——某條連結，某位他可以聯繫的人。他的聯繫方式如果有缺失，那麼你可以抓住此次機會詢問對方完整的聯繫方式。

如果你們聊到了松露，那麼你可以發訊息說：「我查了一下，您說的沒錯，松露真的有大蒜的味道，下次我如果有幸品嘗到，再和您詳細彙報。」

今天和您聊得真開心，這是我提到的《哈佛商業評論》上的那篇文章，裡面有你們公司的案例。

很榮幸今天認識您。您對國際貿易領域出現的很多新機會的見解，讓我很受啟發。預祝您成功！我們後會有期。

我對您二十年前隻身去深圳闖蕩的故事記憶深刻，您真是年輕人的榜樣。下次您來北京，請一定給我電話。

有了以上這三個方法，你和他的再次聯繫就在情理之中，也是意料之中的事情了。

# 10 掌握脫身術，降低時間成本

你在交談還充滿能量和動量的時候結束交談最好，而不要等到整個對話因為缺乏較好的話題或雙方都感到無趣或無話可說的程度，才尷尬地結束。

——基思．羅拉格《如何用最短時間實現最高效社交》作者

一說到社交，很多人會考慮時間成本。美國作家羅伯特．普特南的作品《獨自打保齡球》，這本書羅列了無可辯駁的數據，證明了人們其實沒有自己聲稱的那麼忙，實際上，人們閒暇的時間是自己以為的兩倍。我們是怎樣消磨這些閒暇時間的呢？現代社會有一個幾乎不可逆轉的趨勢，那就是閒暇時間的個人化。比如，獨自看網劇，獨自刷線上通訊軟體；而這種被動的休閒方式，反而讓個人的幸福體驗下降了。

如果意識到了這一點，你就會更願意抽出時間來做主動社交。但與此同時，我們也發現，你一旦投入社交，不是隨時可以抽身離去的。這其實也是我為什麼對宴請賓客很謹慎。客人來了，我們要熱情好客，讓他感到賓至如歸，可他感覺是舒適了，我們卻很疲憊了，心裡巴不得他早些離去。

那麼，怎樣在社交中最高效地利用時間？在這一節，我集中告訴你，在商務酒會上

你該怎樣金蟬脫殼，以達到在「最短的時間裡，認識最多人」的效果。

## 該撤就撤

在對話中，總會有個時候你覺得聊得差不多了，或者你看到遠處還有一位你想認識的人，這說明優雅退場的時候到了。這時總有些尷尬，把對方就這麼中途撂下，太不夠朋友了，尤其是當這個對話小組只有你們兩人的時候。

其實，與其你費力撐著，讓對方心涼地感覺到你已經身在曹營心在漢，不如主動退出，你需要的只是一些巧妙的措辭，這些措辭能讓對方感覺到你對他的時間的尊重。更何況，商務場合的社交遊戲的規則就是短時間內形成一個聊天群組，再迅速散開，去組成一個新的聊天群組，讓來賓在最短的時間裡認識最多的人。你想退出，根本不用尷尬，說不定對方正等著你退出呢。

還有些情況，是你真的不想和對方聊了，你也需要緊急退出。有一次，對方知道我是做企業培訓的，直接當著幾個人的面問我：「你年收入大概有多少？」我一驚，只好說：「過得去吧。送給各位每人一部iphone，咬咬牙還是拿得出來的。可送不了跑車哦。」

說完，我立刻拔腿撤了，否則他說不定真會要我招供出具體數字。

## 優雅脫身

怎樣金蟬脫殼？我給你提供五條思路：

思路一，用最誠實的方法。

你可以坦然地說：「很高興認識您，和您聊天真愉快，尤其感謝您介紹的內地保險和香港保險的差別。非常期待我們還有機會見面。」

用這個方法的時候要注意兩點：第一，在說話前，你已經配合了適當的身體語言，暗示談話即將告一段落；第二，記得要回顧一下你們談過的內容，給這次對話畫上圓滿的句號。

思路二，我要撤了，是我的錯，不是你的錯；而且，我是個潛力股，我願意持續為你增加價值。

告訴對方你必須做什麼，也就是說，不是對方的原因，而是你本來就有的計畫讓你不得不退出。比如：

我來之前下定決心，今天要認識三位前輩，您是第一位。讓我們保持聯繫，我相信在線上知識分享這一塊，我以後能幫上您。

我想看看今天還會不會遇到其他同行？我們加個線上通訊軟體吧，很樂意今後能在任何方面幫到您。

喲，我必須在主席離開之前和他打個招呼。我會把剛剛提到的那篇文章連接發給你。

思路三，兩杯酒法。

美國演員喬治．普林普頓曾透露過他慣用的兩杯酒法。他每次聚會都是手端兩杯酒。當想退出某對話時，他會託詞說需要把這杯酒送過去給他的朋友。

思路四，假裝緊急。

舉幾個例子：

你看一眼電話，突然顯露焦急狀：「現在幾點？噢，我需要給孩子的老師打個電話。」

你做出內急的樣子：「不好意思，需要去一下洗手間。是那個方向嗎？」

你一邊伸長脖子，一邊張望廚房：「有點餓呀！我過去拿些食物，你們需要什麼？」

思路五，將他託付給別人。

這是我最喜歡的方法。帶著他朝你的朋友走過去，把他介紹給你的朋友。

你要牢記他的名字。在介紹的時候，你要把他的亮點稍加誇張，用些溢美之詞。

要介紹，就一定要好好介紹。我有時很怕被別人介紹，因為我發現，真正能抓住我亮點的、能站在一定高度上來介紹我的人很少。有的人不是避重就輕，就是鬼扯。我記得最尷尬的一次，有人把我介紹給他的同事，說：「這位是愫，她是阿萊薩教授的……」他停頓了一下，似乎在想如何措辭，然後說「她是阿萊薩教授的隨從」。唉，他不但沒有抓住我最渴望被人關注的部分，還生生地把我變成了一個跟班的。

在將他託付出去的時候，你可以利用以下三種方法：

第一，放大正面情感。

在社交場合這種特殊場景裡，你永遠需要做到放大正面情感。美國人的溝通習慣很適合社交場合，英語這門語言也具備這個特質，我們可以借鑑一下。當年我還在實習的時候，我是公司的總裁助理。那位美國總裁經常把我介紹為：「這是愫，如果你要找我，你先得讓她喜歡你。她棒極了，沒有她的魔法，我的日子就是一團糟。所以，對她好一點哦。」你看，總裁很好地放大了我的優點，並且表達了感情，這就是一次成功的介紹。再比如：

這是某某，人工智慧界的「九〇後」新秀。

這是某某，線上英語教育的大紅人。

這是某某，在與自閉症兒童溝通上可有兩下子。

這是某某，慈善醫療領域出名的熱心腸。

第二，抓住他在某兩個領域的特色，將跨界部分誇大。

假如他是一位跨界高手，那麼你在介紹時可以突出他的跨界特色。舉幾個例子：

來，讓我向您隆重介紹一下IT界彈鋼琴最棒的，或者，鋼琴界裡最會寫程式的某某女士。

我很榮幸地向您介紹執行長中最懂家庭教育的，或者，育兒界中職業身分最高的某某先生。

第三，介紹他們需要認識的理由。

如果他與你將要介紹的朋友有某種共同點，那麼你可以放大這種共同點。舉幾個例子：

這是某某，人工智慧界的「九〇後」新秀。同為「九〇後」，你們肯定有不少共同語言。

這是某某，線上英語教育的大紅人。您也是英語專業的吧，同行！

這是某某，在與自閉症兒童溝通上可有兩下子。您正在研究社交，對吧？你們可以好好交流一下。

這是某某，慈善醫療領域出名的熱心腸。我記得您是社區業委會成員，說不定有機會合作。

有了這幾個脫身術，你可以毫無後顧之憂地走向陌生人，自信地交談，結識越來越多值得結交的朋友。

# 11 與重要人物攀談：找對需求點

當提出要求時，你要向對方傳達出他能從中受益的資訊。

——戴爾・卡內基　美國著名人際關係學大師

和大人物交談，往往是一種帶有預謀性、目的性的主動結交。也就是說，僅僅依靠偶然遇到大人物可能行不通。按照你的行程、生活方式、活動地域，用自然的方式去結交你欽佩的、值得結交的人，可能要等上很長一段時間。因為偶然的時機和自然的境遇靠的是運氣，而運氣變幻莫測，實在難以捉摸。實際上，我們可以自己創造運氣，主動接近他們，提高成功的機率。你需要打探到大人物會出現的場合，並讓自己也出現在同一個地方。交談的時間不重要，次數很重要。如果你和大人物見過三次面了，那麼你對他而言已經不是一個陌生人了。

優質資源可能會在瞬間離你很近，你能敏感地抓住它嗎？除了找到彼此的優勢話題，你還要把話題逐層深入，引向高潮。

我所接觸的「大咖」，大多數是熱情慷慨、積極陽光、誠摯親切之人。也許因為他們有了地位和權力，道路比其他人更為平坦，於是發展了正面個性；也許因為他們有這些正面個性，所以才會如此成功。總之，資源多的人，不吝於和他人共享資源。

## 自信，需要提前做好功課

越是與大人物交談，你越要提前做好功課。

第一，調整心態。在大人物面前，請一定自信。在強者面前不用謙虛，除非你比他更強。正如視金錢如糞土是富人的專利，不施脂粉、素顏示人是美女的專利一樣，謹慎謙虛也是「大咖」的專利。

按照吸引力法則，哪怕你還沒有成功，你都首先得具備成功人士的優秀品質，比如自信。擁有了這個品質，你再去結識成功人士就是一件輕鬆愉快的事情。

自信，確實和實力、地位有關，但是，也和一個人的眼界高度有關。當眼裡裝的是更大的世界時，雞毛蒜皮的事根本不算事。如果眼裡只有自己的小世界，那麼你的世界裡裡外外都會布滿敏感的神經。如果別人不夠熱情，或給你一個善意的提醒，自己的頭就埋下去了，這其實是沒有自信的表現。

別緊張，不管是多麼了不起的大人物，他的首要身分都是人，是和你一樣的人，然後才是外界貼在他身上的各種社會標籤。我發現，越有身分的人，越有開放的視野和謙卑的心態。

你的潛意識就像被封存在地表之下的火山岩漿，它有可能爆發無窮的威力。用你的潛意識影響他人，有時比用語言更有效。

記住，你和他，不是交易，而是連結。

第二，找一個你和他都認識的人，也就是中間人。如果他是你們公司的執行長，這個中間人極有可能就是處於你們之間的那個管理者；如果他不是你們公司的，現在我們用的LinkedIn、LINE、臉書、推特等社交媒體都能幫你找到你們共同認識的那個人。

中間人，就是你們倆都認識的人。你只要事前做一番認真的調查，在多數情況下就可以找到或明或暗、或近或遠的中間人，別忘了六度人脈理論，最多通過六個人，你就能聯繫上地球上的每一個人。三國時代的魯肅就是一個找中間人的能手。他和諸葛亮初次見面時，第一句話是：「我是你哥哥諸葛瑾的好朋友。」

不要小看中間人，這個中間人雖然不在場，但他實實在在地發揮著三個作用：一是縮短了你和「大咖」的心理距離。「大咖」聽到他的名字，不僅有回應你的義務，而且有回應中間人的義務，你會獲得更多關注。你對他的溢美之詞可以巧妙地放在中間人的轉述中。如果你覺得當面恭維有點尷尬，中間人就是一個緩衝器，「我從××那裡得知您，他對您的專業背景讚不絕口，我今天是慕名而來的」。

善於找牽線人，並通過牽線人的嘴大力誇讚對方。這種誇讚，來得更真實；而且你也可以藉機初步告訴他，你能給他帶來什麼。

第三，對他本人做充分的背景調查。找出他的職業經歷、待過的城市、他的愛好等，如果某些資訊與你有共通之處，那就再好不過了；或者，找出他最近的活動、他的新聞、他的近況等。同樣，你可以利用臉書或其他社交媒體做調查。當你知道他的興趣愛好後，你可以給他提供他可能不知道的資訊和資源，來激發他的好奇心。

第四，對他所處的行業做基本的瞭解，以防自己說外行話，並準備好自己的觀點。自信總是來自充足的準備。你如果計畫吃一小時的飯，就要準備好一小時的交流內容；你如果計畫吃兩小時的飯，就要準備好兩小時的交流內容。

那麼，你見到他時，如何談？你可以用敬慕式的話語開頭：

今天能見到您這樣在投資界有名望的前輩，我感覺榮幸之至。您的微信公眾號我幾乎每篇都看，受益匪淺，尤其喜歡您那幾篇討論拖延症的專題。沒想到今天能見到您本人，太有緣分啦。

今天真是沒白來，能遇見您這樣的風雲人物。

在交談過程中，你可以做更安靜的那個人。在高手面前你不用裝懂，把道理聽懂就好。你要充分展示對他的濃厚興趣，這樣，他才有可能覺得你有趣，才有可能對你感興趣。

另外，在談話的最開始，請記得先告訴他你大概占用他多長時間，然後詢問他此時是否合適，而不是顛倒順序。

## 觀點大衝撞

和行業「大咖」交談，不要簡單地請教，因為請教他們的人太多了。我教你一個方法：先擺出事實，然後從中引出自己的觀點，接著用這個觀點引出對方的評述。總結為一個公式就是：事實+自己的觀點+詢問對方的評述。比如：

當你和電競業的「大咖」聊天時，你先說一個事實：「我身邊很多哥兒們都是電競愛好者，希望看到更好的比賽，希望比賽能越來越精采。國內人口基數大，資本集中度高。」

接著引出自己的觀點：「所以，我覺得電競業在中國剛剛進入春天。」

然後用這個觀點引出對方的評述：「您覺得是這樣嗎？有的人說電競行業的野蠻生長階段已經過去了，您對這個行業的變化趨勢怎麼看？」

他是專家，這樣的問題他肯定有話說；而且你的這種發問方式，讓他的回答可詳可略，可進可退。

再舉一個例子。

你和ＩＤＥＯ公司的「大咖」聊天。你先說了在你們見面前調查到的事實：「現在大家都在學習ＩＤＥＯ公司的管理經驗，聽說貴公司並沒有設置條條框框，對員工進行限制，一切準則都凝聚在一本《IDEO手冊》中，其中頻繁出現的語句是『幫助他人成功』。」

接著說一下你的看法：「我非常認同。在實際操作中，我發現，人們也擔心別人覺得自己多管閒事，把這種互助文化帶到中國人的辦公室，難度很高。」

然後，謙虛地引出對方的評述：「不知道我這樣想，是不是足夠客觀？」

要知道，你和大人物的差異，僅僅是權力或財富不對等，你們的觀念想法不見得不對等。展示自己的獨特見解，是和「大咖」打開社交之門的最佳角度。

在資訊爆炸的時代，有觀點、有立場、不和稀泥，很重要。

不過，你發表觀點的時候，不宜賦予其過多情感。越是清晰的觀點，越要用輕描淡寫的形式傳遞，這更能體現你的開放、客觀，也為對方表達不同的觀點留出空間。

## 找對需求點

找到共同利益。當你和對方有實質性的共同利益時，你和對方建立的關係才會顯得更真實、更有意義。

和行業「大咖」交談時，你一樣需要找到他的需求點，用你的價值去滿足他的需求。

你可能會問，「大咖」、紅人、專家、富翁……他們還能有求於你這個小人物嗎？

「大咖」是人不是神，再厲害的人也會有困境，也需要從周圍的人那裡獲得勇氣和靈感。再偉大的人，也有自己的難題。哪怕是億萬富翁，基本上也都有一個難題是怎樣把錢花出去。所以，真正的問題是，你能否感知他的難處和面臨的問題，並為他提供價值。

哪怕你真認為自己在「大咖」面前是零背景、零經驗，也並不意味著你是零價值的。想方設法地為他增加價值，是靠近「大咖」的最佳姿勢。你的價值可以是分享學術資源、人脈，可以是幫他做連結，表達你所屬的那個人群的意見，你自己的獨特觀點，甚至你的時間、你對他的情感支持等等。

我覺得所有大人物都有一個需求，而且是持續不斷的需求，那就是讓自己的影響力能最廣、最深、最長時間地發揮作用。也就是說，他們的影響力能波及更多人、更深入大眾內心，並能持續地產生影響。所以，那些籌款活動的組織者伸手找「大咖」們要錢，從來都不需要低三下四。創業者找投資人要錢，從來也不需要卑躬屈膝。

講一個我自己的故事吧，它是我十四年前剛到美國時發生的事情。之所以用這個例子，是因為那時候的我在美國社會中就是零背景、零經驗，沒有任何社會資本。如果你覺得自己現在起點低，那麼當時的我，在那個陌生環境下的起點更低。

我到了美國後，迫在眉睫的任務是在校園裡找一份助教工作——類似於助理。助理的校園工作，每週二十小時，不僅可以免除學費，而且每個月還有生活費。不用說，這樣的機會全校同學都在搶。

我跑遍了校園裡所有辦公室，投了履歷，並獲得了兩個面試機會，可最終都沒被錄取。我忿忿地想，不就是一份簡單的兼職行政工作，我怎麼會不勝任？來美國前，我是新東方的講師，那個時候的新東方，還處於盛產傳說中的高薪講師的年代。現在，這麼一個低端的低薪校園職位，為什麼我贏不了？

我仔細分析後，很快發現，不是因為我英語不好，也不是我溝通能力不強，而是我在這個陌生的國家裡沒有任何人脈，我是圈外人！也就是說，我沒有任何人際聯絡網來協助我完成日後的工作，來解決可能會遇到的難題！在同等條件下，人家當然會選擇和這個社會有千絲萬縷聯繫的當地同學。

怎麼辦？人一著急，總是會想出辦法的。第二天就是學校的開放參觀日（open house）迎新活動，我知道校長會出席。不管怎樣，我都要和校長攀談一下。

當天，校長出現了，滿頭銀髮，面容慈祥，我抓住一個機會，清了清嗓子，走上去介紹自己。我表達了能被馬里蘭大學錄取的感激之情。接著，我告訴他，之所以在幾家大學中選擇了馬里蘭大學，是因為一直嚮往這裡的多元文化，和這裡對中國學生的友好。當我告訴他馬里蘭大學（University of Maryland at College Park）被我們中國學生暱稱為「有很多中國人的大學」（University of Many Chinese People）後，他哈哈大笑。

然後我說：「像我這樣的中國研究生，大多數來自普通家庭，我們有足夠的衝勁，熱切地想為馬里蘭大學的學術做出貢獻。如果我們在剛到校園的時刻，這裡的各種機會能夠對我們更友好更開放一些，讓我們排除障礙，用更有效率的方式投入學術研究，那麼馬里蘭大學兼容並包的美名一定會傳得更遠。」

結果，校長先是有些吃驚，問我有什麼苦惱。我一五一十地說了求職的事情。然後，他爽快地把我帶到麥克·納爾遜先生（學校電影製作辦公室主任）面前，說道：「麥克，你那裡有職位空缺嗎？這是戴愫，你們倆可以聊聊。」

有了校長做背書，麥克後來欣然地招募了我，我順利地進入麥克的電影製作辦公室。之後，我在美國的奮鬥有了實質性的改變。電影製作辦公室，是我能想到的對一個零社會資本的人的最佳入口。我和麥克那兩年在一起採訪過很多和馬里蘭大學有直接或間接關係的成功人士。

在我的這個故事中，我靠近「大咖」的方式就是，找到了他的需求點。他是校長，當然希望馬里蘭大學的名望越來越高，尤其在國際教育領域。另外，你發現了嗎？我同時還用了兩個小技巧：

第一，把我或我的目標放在更宏大的背景中，爭取他的支持。我背後是中國學生群體，乃至所有留學生群體。校長如果忽略了我，就相當於忽略了國際學生這個群體。根據你個人的情況，你可以說，你手頭的這件工作是為教育系統、為邊緣兒童、為癌症患者、為職場新人做好事。你的努力和某個目標相連，並且這個目標在社會價值觀上是可取的、令人注目的。這樣做可以增加你被「大咖」關注的可能性。如果你的目標格局更大，那麼你在社交時會感覺更乾淨、更體面。

第二個技巧，在「大咖」面前不做反饋，做「前饋」。什麼意思？反饋是對過去做法的對錯給出建議；而「前饋」強調的是，要做好哪些準備來應對下一階段的使命和未來的挑戰。做「前饋」，不會激起對方的防禦心理。我當時說的是「讓馬里蘭大學兼容並包的美名傳得更遠」，這是基於我對學校的愛和信任，希望學校更好。我當時說的不是「我覺得馬里蘭大學在兼容並包方面做得不夠」。如果我真的這麼說，那麼校長一定會想：一個剛到美國的小丫頭，竟然敢挑刺！

相信我，每個人都有需要別人幫忙解決的問題，包括大人物。富豪需要找到穩賺不賠的項目；科技天才需要找到足夠的錢來創造某項技術奇蹟；知識「大咖」需要瞭解商業運作的規則；商業大亨需要通過學術界的創造力和研究，為產品更新迭代提供資源；地方官員需要吸引投資，尤其是外資，來創造政績。

從重要人物的需求點切入結交他們，是最有效的方式。

## 看準時機

最後，和大人物交談，時機很重要。如果在商務酒會上，你就要趕在他發言之前過去交談。那時，他還是一個「普通人」，只有少數有心人知道他的身分和重要性。一旦發言結束，他馬上就有了明星光環，那時，你再湊上去恐怕就沒機會了。

如果他看上去很忙，哪怕你提前準備的話題還沒來得及用上，你也應該及時退出。讓你提前做好準備，不是說一定要用上這些內容，而是讓你更有掌控感。和大人物說話，說什麼不重要；你的冷靜，你的不卑不亢，你適中的語速、沉穩的語調，你的氣質，這些更重要。你與其口吐蓮花，與他比拚見識，不如展示「泰山崩於前而色不變」的氣度。

全球最受認可的職業指導大師理查德·納爾遜·博萊斯曾經這樣定義人脈資源：「打開你的手機通訊錄，看著上面的號碼。如果你認識他，而且他可能需要你的幫助，那麼他就是人脈資源；你認識他，需要他的幫助，但他並不會幫助你，那麼他就是一個聯絡人而已，並不是人脈資源。」

我建議你多去主動接近幾位「大咖」，多鍛鍊幾次，這樣你就「脫敏」了——「大咖」這個敏感源，不會讓你臉紅、心跳、起紅疹了。和比你強的人交談，有助於增加自信，豐富人生閱歷，優化社交基因。

# 12 與外國人交談：對比時空

博物館裡的東西有一種強大的力量，跨越時間、空間和人，建立不同文明之間的理解。

——尼爾・麥格雷戈　大英博物館館長

評斷海外華人是否真正融入和享受當地生活，我有一個很簡單的方法——觀察這個人想不想，以及會不會做微交談。

## 用微交談代替沉默

人們選擇去海外生活，只是為了實現富足生活這樣的結果嗎？如果是這樣，為何那麼多早就過上了中產階層生活的華人，仍心有戚戚，想要落葉歸根？一粒花籽飛到海外，不僅是為了開花，而且更希望在開花的過程中享受陽光雨露。一次愉悅的微交談可能僅有幾秒鐘或幾分鐘；可是，就是那一個瞬間，一次簡短的與陌生人的對話，讓你有融入此情此景的親切，讓你有身處故鄉的自如。這些瞬間會豐富和裝飾你的生命。這些與陌生人碰撞的瞬間可以是：

- 冬季，公園的長沙發上，對方剛剛坐下，一邊朝手心哈熱氣，一邊整理背包。
- 和陌生人一起目睹了一起交通事故，彼此慰藉。
- 收銀員低頭等待列印收據。
- 早上出門遇見大廈管理員。
- 公車上，與旁邊的人不約而同地示意司機在下一站停車。
- 路上看見一位行人滿臉困惑，似乎尋不到方向。

我觀察到，警惕性高、性格內斂的華人在面對這些與陌生人碰撞的瞬間時，經常保持沉默。其實，對於惜時如金、勤奮自勉的華人來說，微交談可以用來填補空白。它不是浪費了我們的時間，而是更有效地利用了時間。如果之前你習慣於用沉默填補空白，那麼現在你可以嘗試用微交談來填補。因為微交談可以幫助你獲得自我存在感。對方在交談中，展示出他如何看待你。於是你一次又一次地確認了自己在這個新世界中的定位，這就是身分感。對方在聆聽你說話時，你也能感受到自己的價值。

在陌生國度裡，每次和陌生人的微交談，都能帶給你一個新的社交連結。當與這個國家建立了無數社交連結之後，你對她的脈搏、呼吸、心跳愈加熟悉，慢慢地，在無意識中，你已與她融為一體了。

## 展露你的文化資本

你如果有機會在這些瞬間之外，和外國人做更長時間的交談，怎樣談出水準呢？因為英語不是我們的母語，所以在談話資料上，我們要更加精心地準備，用內容壓倒形式。也就是說，交談不僅是交換讚美，而且要讓雙方都有收穫，都可以增長見識。

交談，本質上是在盤點和展示自己的文化資本。文化資本這個概念，是法國人類學家和社會學家皮耶·布赫迪厄提出的。他把凝結在一個人身上的資本分為經濟資本、社會資本、符號資本、文化資本。

在過去的熟人社會中，社交圈層比較固化，如果要打破階層，你就需要賺足夠多的錢（經濟資本），拉各種關係（社會資本），還要獲得榮譽（符號資本），而這些都很難達到。

今天的陌生人社會更開放寬容，充滿了更多機會。這樣，文化資本就跳出來了，發揮著前所未有的重要作用。既然其他三種資本都很難積累，那麼我們可以通過學習來獲得文化資本和錘煉談話資料。高雅的談話資料能幫助我們跨越階層，與人建立聯繫。可喜的是，文化資本積累到一定程度，可以從中獲得經濟資本、社會資本、符號資本。所以，你一開口，別人就能知道你的背景。這就是文化資本與階層認同的關係。

## 跨文化視角

我們應該怎樣打造文化資本，以應對突如其來的微交談？

我有一個好方法，即收集跨越時空的對比素材。所謂跨越時空，既指縱向的時間對比，也指橫向的空間對比。這個方法尤其適用於和外國人聊天，會大幅度提升你們的聊天品質。有了這一招，英語是否流利不是最關鍵的，你的跨文化視角才是最重要的。所謂跨文化，不是只交流東西方的習俗禁忌，而是始終用對比的視角觀察東西方。比如，你講一個中國的人物，再對比一個國外的人物；你講一個當代的事件，再對比一個歷史上的事件；你還可以對比明星、城市、教育、潮流、時代。

見多識廣的高曉松很擅長用這一招。我記得他在談到美國前總統雷根時，是這麼聊的：

> 雷根總統之後就沒出現比他更偉大的美國總統了，這跟他所處的時代有很大關係，冷戰時代最終被他結束了。二十世紀八〇年代是人類最後一波大師雲集的時代，八〇年代美國有雷根，英國有柴契爾夫人，中國有鄧小平，新加坡還有李光耀；而且他們的思想都影響了各自的國家，一直到現在。

有一次，在和外國人聊到中國人很看重人際關係這個話題時，我發現這是一個跨時空對比的好機會。

我說：「公元前五世紀真是很神奇，三大文明發源地同時出現三個偉人。在中國，出現了……」我停頓了一下。

「孔子。」旁邊立刻有人接話。

我接著說：「在古印度，他們有……」我又停頓了。

有人答道：「釋迦牟尼。」

這就像一個好玩的遊戲，我又接著說：「在古希臘，出現了……」

有人立刻回應道：「蘇格拉底。」

我接著說：「他們三個人在那個時候就為人類思想做好了分工，後人只在追隨，沒有超越。蘇格拉底研究人與自然世界的關係，釋迦牟尼研究人與超驗世界的關係，而孔子研究的是……」

「人與人之間的關係。」有幾個人和我同時說道。

大家相視而笑。

以下的表格裡有我用過的聊天素材，供你參考。

你如果有心積累素材，就可以繼續把這個表格延伸下去。比如，面對年紀大的人，可以談談中醫，並與西醫對比；面對做創意工作的人，可以談談東方美學，並對比西方美學。這個世界是模糊的，無窮盡的，能人通常都能夠從模糊中理出一條線，並將這條線明朗化。

在和外國人聊天的時候，你還可以事先瞭解一下外國人都熟悉的《聖經》小故事。《聖經》裡有很多故事，與東方故事的敘事章法極為相似。《聖經》裡，有很多能撥動對方心弦、撫慰人心的語句，給他帶來喜樂和巨大的力量。如果你能將《聖經》故事與東方寓言做對比，那麼你的見識自然而然地就這樣聊出來了。

你在做對比時，可以說相同之處，也可以說不同之處；你可以說自己的觀察，也

| | |
|---|---|
| 北京的旅遊景點，<br>參觀的是現世人的居所 | 埃及的旅遊景點，<br>參觀的是來世人的居所 |
| 殭屍 | 吸血鬼 |
| 筷子通夾所有食物 | 不同菜配不同尺寸的刀叉 |
| 君子人格 | 騎士人格 |
| 畫家利用散點透視，<br>觀察者就在景中，步移景移 | 畫家借用光學工具畫出逼真效果，<br>觀察者站在窗內，看窗外的風景 |
| 伏羲兄妹躲在葫蘆裡，<br>在洪水中倖存 | 諾亞方舟 |
| 「孝」這個美德，<br>找不到對應的英語單詞 | Humor（幽默）這個美德，<br>找不到對應的中文詞語，只能音譯 |

可以提出很有價值的問題。

這種跨時空對比的魅力，你在逛世界級博物館的時候能體會得最深刻。同一個歷史敘事時期的展館中，如果同時有東方的文物和西方的文物，參觀者會感到很震撼。他們似乎在尋求某種連接。《大英博物館世界簡史》中是這麼說的：「博物館裡的東西有一種強大的力量，跨越時間、空間和人，建立不同文明之間的理解。」

哪怕你英語說得不流利，而且還自帶口音，但只要你能借助這種強大的力量，那麼對面那個外國人便會對你刮目相看。

# 13 與異性交談：平衡真自我和假自我

有真自我的人，會尊重自己的感覺，不會太為難自己；有假自我的人，則會自動去尋找別人的感覺，並圍著別人的感覺轉。

——武志紅

男人和女人，一個火星人，一個金星人，真是白天不懂夜的黑，你不懂我傷悲！這兩個不同的物種，怎樣交談呢？我讀過一些關於「撩妹術」的文章，也在年輕的時候偷偷學過一些「撩男」指南。你可能要問我，學了這些東西有沒有效果。我只能說反正我的真愛不是勾搭來的。

我絕不是要否定男女互相勾搭的那些技巧。我只是覺得，運用太多「勾搭術」，容易呈現一個假自我。而與異性交談，是一種真自我和假自我之間的平衡。所謂真自我，就是徹底聽從自己的感覺；所謂假自我，就是徹底服從別人的感覺。

武志紅老師曾指出，我們在徹底聽從自己的感覺時，會體驗到生命的不可思議。但生命中最大的一個矛盾是，我們必須要在關係中把這個不可思議活出來。

我提一個更有針對性的問題：我們需要聽從自己的感覺，來過精采的人生，而生命是由各種關係構成的，那麼我們如何在男女關係中把這個精采活出來？

曾有宅男和我說：「我和女孩子相處，就是放不開，這就是真實的自我。我改不了，也沒想改。她要是不喜歡我這樣的，我裝也沒用。」

這是一種關注真自我的寫照，他說得很誠懇。關注真自我沒錯，但不能只關注真自我。因為只關注真自我的人，舒適圈非常小。甚至有極端的例子是，某些內向理工男，不管面對何種類型的女孩，舒適圈都為零——手腳沒處放，眼睛不知道看哪兒，不會找話題，不會展示自己的魅力。

有一句話說得好：我和不同的人交往時，表現是不一樣的。不是因為我虛偽，而是因為我和不同人交往的時候，有不同的舒適圈。

何為舒適圈？我認為，舒適圈不是單純的真自我區，否則你會沒有朋友；舒適圈也不是單純的假自我區——天天戴面具，很不舒服；舒適圈，是我內心自己喜歡的那個真自我和你喜歡的那個假自我之間的交集。也就是說，交集中的這個行為，不違背我的價值底線，同時，讓你也開心。

我們生命的成長，就是這個交集的不斷擴大。

經常與異性聊天，能幫助我們成長，幫助我們不斷地擴展舒適圈，在真自我和假自我的平衡上不斷精進。

## 討喜偏誤

和異性微交談，你怎樣搭話才不讓人討厭呢？我們可以利用討喜偏誤理論。

舉個例子，有段時間，我發現自己就受討喜偏誤的影響。我總是去離我更遠的那家星巴克買咖啡。為什麼？因為那裡有一個很帥氣的店員，他主動和我打招呼，並且知道我最常點的咖啡是什麼，他特別討喜。

討喜偏誤其實是一個思維上的錯誤。在和陌生的異性微交談的時候，我們可以利用這個理論，引導對方去犯這個思維錯誤，讓他高興地做出一些率性的行為，也就是說，我們要讓自己變得討喜。

怎樣讓自己討喜呢？有三個因素：第一個因素，外表有吸引力；第二個因素，在出身、個性、價值觀、興趣上與對方相似；第三個因素，讓對方覺得被喜歡。這三個因素被稱作討喜因素。從名稱上看，討喜是假我，為了讓對方喜歡上自己而故意做的種種表現。其實，你可以把這些表現變成「健康的假自我」。用英國心理諮詢師雅基・馬森的話來說，人人都需要一個健康的假自我。健康的假自我「讓我們能夠在大眾面前表現得禮貌而文雅。只有當我們與內心的真自我失去聯繫時，我們才會有麻煩（或變得不健康）」。

所以，你要做的是，讓這三個要素能和內心的真自我建立聯繫，讓它們不違背你的基本價值觀。其實，這不難做到。我們一個一個要素來看。

首先，讓自己的外表有吸引力，這是討喜偏誤的第一個要素。如果你的內心價值觀有一條是為世界創造美，那麼這個要素就和你內心的真自我建立好了聯繫。

外表具有吸引力，不僅僅指容貌裝扮。如果你是一位男性，你的舉止體現出來的紳士風度同樣重要——不要等著她請你幫忙，有眼力一點，主動幫個忙。如果她的東西掉在地上了，幫她撿起來；她放行李時，你主動幫她放上去；她搆不著某個東西，你幫她拿；她需要服務時，你去召喚。在飛機上，我身邊如果有這樣一位主動幫女士搬運行李的紳士，我總會偷偷地多看他幾眼，紳士們總是能在這個紛繁複雜的世界裡給我們帶來積極正向的力量。

如果你是一位女性，你的美不僅僅體現在容貌上，還有你的言談舉止。因為美是在動態中呈現的。如果你的舉止優雅穩重，那麼你會顯得更加漂亮。

其次，在出身、個性、價值觀、興趣上與對方相似，即討喜偏誤的第二個要素。如果你的價值觀中有一條是尋找伴侶，就是讓靈魂找到同類，人生才得以圓滿，那麼這個要素就和你內心的真自我建立好了聯繫。

這就需要你利用我前面介紹的如何開場，如何提問，如何用「說、問、說」三部曲推進聊天的技巧，並在微交談的過程中去挖掘了。例如，假設你想和飛機上坐你旁邊的人搭訕。

「大週末的也出差嗎？」你用從此情此景上找話題的方法來破冰。

她說：「是啊，年底了，業務特別忙。」

「我們會計師事務所也是，一到十一月、十二月就加班。你是從事哪個行業的？」你用「說、問、說」三部曲推進聊天。

「做業務的。」她回答得很簡單。

這時，你可以嘗試從其他方向來找話題。「如果不出差，你週末一般做什麼？」

她回答：「我一般在家休息。」

你可以說：「嗯，我最近在追一個美國電視劇《使女的故事》，第二季比第一季更精采。能不能推薦一些好劇？」

她的話匣子終於打開了：「英國電視劇也很好看，劇集不長，都拍得很有味道。我最近在看一個超級治癒系列的英國電視劇《德雷爾一家》，講的是……」

原來她喜歡看英國電視劇，你可以說：「我下載了很多英國電視劇，到時候給你發個連結吧，你下載到電腦上，出差途中哪怕飛機晚點也不會太鬱悶了。」

一旦你挖掘到了對方的某個興趣點，請記住，像上述例子一樣馬上「播種」。所謂播種，就是為再次聯絡留下線索，或再次聯絡時讓她記住你。比如：

當她說起自己喜歡聽周華健的歌曲時，你可以說：「我也很喜歡他，我有媒體的朋友，可以弄到友情入場券。」

如果發現你們倆都喜歡動漫遊戲，你就可以說：「深圳每年在歡樂海岸都有動漫展，我們加個朋友吧，我可以弄到票。」

你如果發現她是四川人，就可以說：「我們市中心有一家餐館，叫辣嬌，嬌嬌女的嬌。我超級喜歡它，但不知道是不是最正宗的川菜，要不哪天邀你去親自鑑定一下？」

這樣，你以後在她腦海裡的形象就會很鮮明：嗯，他有票；或者，嗯，他知道哪兒有好吃的川菜。

如果你問我：戴老師，友情入場券去哪裡弄？我想對你說，如果對方真的讓你動心，你就買兩張票吧。

你一旦和她建立了交集，就不愁沒有機會繼續深入瞭解彼此了。我的朋友就是在一次搭話中發現對方和自己在同一個科技園工作，於是相約上下班，一起搭順風車，一來二往，最終喜結良緣的。所以，播種的重要形式就是邀約。如果她面前放的是咖啡，你可以給她推薦一個新開的咖啡店，約她品嘗新口味的咖啡；如果她聊到看過的某本書，你可以約她去本城新開的書店，或去圖書館逛逛；如果她聊到喜歡運動，你就約她一起週末去爬山。

你如果害怕一對一的邀約對方會拒絕，就用多對一的方式，讓她不會感到壓力。比如：

我也喜歡打羽毛球，我參加了一個羽毛球俱樂部，就在市體育館，我們隊伍裡正缺女隊員。週末一起去吧，都是年輕人，肯定有共同語言。

你知道嗎？我去的那個toastmaster（會議主持人，一個非營利組織）就有很多從事文秘行業的白領。週三下班後我們一起去看看吧，你可以認識一些同道中人。

討喜偏誤的第三個要素，讓她覺得被喜歡。如果你的內心價值觀有一條是給他人帶去愛和溫暖，那麼這個要素就和你內心的真自我建立好了聯繫。

沒有人會真正討厭一位對她表達滿腔愛慕的正常異性。在這裡，我前面所講的「冷讀者+熱捧者」的技巧一定要用到。另外，在微交談中，你要把握機會，盡快地逐層剝洋蔥皮，跳過套話、事實，進入觀點、感受層面。

比如，當對方告訴你，她是幼教老師這個事實後，你除了說出自己的觀點「要做幼教老師，需要很有耐心」，更要會說感受層面的話，「我一直都很欣賞有耐心的人」。

如果她說，我已經有男朋友了。你由衷地說：「我也猜到了，要是沒有才怪呢！」然後你可以做苦惱狀，開個玩笑：「唉，我既希望自己以後有追你的機會，又希望你以後一定不要給我這個機會。」最後，你貌似戰勝了糾結，總結一句：「有備無患吧。」

如果她說：「我一般不給陌生人留電話。」你可以說：「我們這不已經不是陌生人了嘛。」

臨告別時，你感慨地說：「真奇怪，我平時話很少，今天話匣子突然打開了。如果有冒犯之處，還請原諒。看來，是我以前沒有遇上對的人啊。」

最後，補充一點，時機很重要。浪漫總是不期而遇的，你不要自我設限。所謂「自我設限」就是，「我來這裡就是排隊的，交什麼朋友」，或者，「看她的樣子，估計不會喜歡我這種類型吧」。只要對方是單身，也在尋找自己的有緣人，那麼為什麼要自我放棄這個與她結識的機會呢？做一個緣分的友善者吧。舒適圈寬廣的人很少自我設限，一場浪漫由微交談開啟。

與異性的微交談也要注意周遭環境。周圍環境人流量太大、太吵鬧，比如擁擠的地鐵、排隊的人群裡，不太適合搭訕，因為你們的談話是完全暴露在旁邊人的注意範圍內的，不利於創造私密氛圍。如果你們在飛機上挨著坐，那麼請在發餐吃飯的時候和她聊，或者她起身上洗手間的時候，或者她招呼空姐的時候。總之，當對方靜靜坐著，並沉浸在自己的事情中時，盡量不要打擾她。當她從靜變為動的狀態時，就是你出擊的時刻了。不用緊張，有一半的機率是，和你對話的那個人可能和你一樣內向、害羞。

如果你在熙熙攘攘的大街上和她擦肩而過，或者在等地鐵的時候她吸引了你，你實在不想錯過，那怎麼辦？

我們可以仿照《高情商，不尬聊》一書中所給出的方法。

你站到她身邊，揮揮手，引起她的注意：「嗨，不和你打個招呼我肯定會後悔的，就一分鐘時間。剛剛看到你，你給我的感覺非常特別，我真的很想認識你。」用這句話爭取讓她停下腳步，然後你可以繼續從容地做個自我介紹。在這句話中，有三個關鍵點你要說出來：一是，不得不打招呼的原因，「我會後悔」；二是，耽誤她的時間，「就一分鐘」；三是，「她很特別」。

你也可以向她求助，她自然會停下來，關注到你。比如，你可以問路：「請問一下附近有便利商店嗎？」不管她知道不知道，你都可以繼續誠實地說：「其實我是想認識你，剛剛很緊張，不知道怎樣搭話。」

在排隊時，你可以問她某些資訊：「請問一下，你知道下一班地鐵的終點站是新村，還是少年宮？」她回答之後，你繼續說：「非常冒昧，我遠遠地看到你很有氣質，所以走過來，特別想認識你。」

與異性聊天，不需要外向的性格，不需要天花亂墜的勾搭術，只需要做好真自我和假自我的平衡。這個世界節奏很快，越能第一時間把自己最美好的一面展示給別人，你就越會受到青睞。

## 相親不尬聊

我結婚前也相過親，當時真是尷尬無比——帶著明確的預期和異性見面，覺得聊什麼都彆扭。

相親是一次短時間的評估見面會。雙方到底聊什麼，彼此評估什麼，才是最有意義的呢？

有一個相親App叫作Zoosk，他們在二〇一七年做過一個大數據調查，在三百萬份用戶資料中，「誠實」位於挑選另一半的首要標準；緊隨其後的是「幽默」、「重視家庭」、「親切」。

仔細想想，何嘗不是這樣呢？最終能滋養一段婚姻的，不是男人的財富或女人的美貌，而是這些性格要素：

誠實——在這個不確定的年代，誠實，給人帶來確定的安全感；

幽默——為一地雞毛、日復一日的生活提供有趣的佐料；

重視家庭——婚姻束縛了人本性，同時提供了相濡以沫的幸福，在他（她）的價值觀排序中，如果家庭不位於前列，那麼他（她）就不適合進入婚姻；

親切——對周圍人關切，並能準確地傳遞出這種關切，這樣的人有能力經營一段美好的關係。

物質基礎該如何排位？既然中間人把你們撮合在一起，這說明你們外在的物質條件是基本匹配的。

肯定有人此時會問；難道不看臉嗎？當然看。相親前就看過照片了，瞭解了彼此的外貌特徵，不對眼緣的根本沒機會坐在一起。

有意思的是，根據社會心理學家加思·弗萊徹的研究，人們擇偶偏好有三大類：長相、性格、資源；當它們之間發生衝突時，大部分男女都選擇了性格。

誠實、幽默、重視家庭、親切，在這幾個性格特質中，除了重視家庭這一項，其他的都可以在一段時間的交談中顯露出來，這就是微交談的魅力。微交談讓你有機會瞬間閃耀。

接下來，我按照一次相親見面的時間進度，幫你逐步做好相親前的準備，同時複習我們之前學到的那些聊天方法。

相親不是一次偶然邂逅，你在去之前要做好準備。雖然英語把相親稱為blind date（盲目約會），但你如果什麼也沒準備，就真的抓瞎了。你具體需要準備什麼？全面調查關於約會地點、約會對象的一切資訊；提前準備好三大類談話資料。

第一類談話資料：破冰故事。還記得那些打開話局的方法嗎？

在門口，你倆初次相見，你可以從當下的狀態開始聊，比如聊路上的見聞、當日的熱點、你的心情等。

「今天又是暴雨紅色警報，貴人出門雨水多，下次再和你約會，我一定要記得帶傘。」

「選在宋慧喬、范冰冰同天分手的日子見面，只有真的相信愛情的人才敢這樣做啊！」

「你看著比照片上更文靜、從容，不像我，有點緊張。」

坐下來後，你可以從你們的相同之處開始聊，比如，介紹你倆認識的中間人。

「王阿姨是個熱心人，老早就向我提起過你，說你能幹。王阿姨自己也很能幹，我們家族裡，有三個寶寶都是她帶大的。你是怎麼認識王阿姨的？」

點餐開吃後，你可以聊美食。

「這是深圳最紅的湖南餐館，招牌菜是一碗辣椒，被稱作『愛馬仕』辣椒，據說能吃出水果的香味。我一直好奇是哪種水果的味道。」

「聽說你剛從俄羅斯旅遊回來，我專門挑了這家俄式餐館，這裡的紅湯最受歡迎。你嘗嘗是不是俄羅斯正宗的味道？」

你要準備的第二類談話資料是：優勢話題。

要讓這次相親成功，你就得創造機會讓你倆都能聊到自己的優勢話題。這就需要預先思考了。你的專業是什麼？他（她）的專業是什麼？你的優勢話題是什麼？他（她）可能的優勢話題是什麼？你是怎麼理解他（她）那個領域的？這都是你出發前要想清楚的問題。

比如，你在金融行業工作，對方是研究英美文學的。那麼，只要聊到支付、投資等話題時，你都可以用俄羅斯娃娃法，或原子核定位法，過渡到你的優勢話題上來。比如：

你看到桌上的QR code點餐支付系統，可以說：「現在一線城市的大餐館都這樣掃碼點餐了，你覺得這樣好，還是由服務生點餐好？」

他（她）答道：「掃碼很方便，但我還是更喜歡服務生過來親自推薦。」

你說：「嗯，掃碼點餐是智慧餐飲的一個過渡產品，現在可是我們金融投資界的熱點。」（從掃碼支付，聊到金融投資，用了原子核定位法。）

他（她）說：「感覺你們金融界很高大上啊，你們在研究些什麼？」（你是不是正在等著他或她問出這個問題？）

你說：「其實很簡單，我們就是一群中介——跨時空配置資金的中介。跨時間，今天的錢存起來明天用，或者今天用明天的錢；跨空間，就是有錢人的錢借給缺錢的人去用。」（哈，你用平白有趣的語言，講清楚了自己專業的本質，你創造了一個閃耀時刻。）

別只顧著自己閃耀，也給他（她）製造一個閃耀機會。

你要繼續說：「你們研究文學，是不是也在把過去的理論，用於解決今天的問題上？」

他（她）回答：「我們表面上是在研究文學，其實是在研究人。」（他或她也聊到了得意之處。）

「難怪了，你剛剛說更喜歡由服務生點餐，而不是讓機器幫忙。文學是怎樣研究人的呢？」（你抓住了他或她的這個火花，並輸送氧氣，讓它燒得更旺。）

他（她）開始滔滔不絕地講述。

再舉個例子。你喜歡瑜伽，你觀察他（她）的微信頭像是潛水照片，猜測他（她）的愛好是潛水。

你環顧四周，說：「這個地方真好，清靜，難得在鬧市中能找到這樣的地方。下次我和做瑜伽的夥伴們可以約在這裡聚會。尤其這種矮矮的平凳，很適合蓮花座。」

你兩腿往上一盤，演示了一個閉目冥想的蓮花座：「你平時累了的時候，也可以試試這個動作，雙腿形成一個閉合的圓圈，生命能量在這個圓圈裡循環，你更容易控制能量。」

然後，你可以問他（她）：「你是不是喜歡潛水？我猜潛水也可以把人帶入一個安靜的狀態。」

「沒錯，下水那一瞬間，全世界都安靜了，只聽得見氧氣筒有節奏地『嘶嘶嘶』。」他（她）回答道。

他（她）的話匣子由此打開了。

你看，優勢話題就是讓你倆聊出自己的見識，聊出這個世界的美好。這不正是相親時該做的事嗎？

我給你幾個特別提示：

假如你是男性，一定要記得「誠心請教」和「回應式傾聽」，並且將這兩個方法貫穿於聊天的始終。

谷歌前數據科學家賽思．斯蒂芬斯—達維多維茨介紹過一項史丹佛大學和西北大學的研究，他們通過數百位異性速配約會者的錄音紀錄，找出了其中的規律：女性比較喜歡聽從她們意見的男性，也喜歡有同理心的男性。

我在第二篇中教給你的誠心請教和回應式傾聽，就是對應滿足這兩類需求的方法。

將權杖賦予他式的請教法：低姿態，誠心請教，以自我坦露開始。比如：

「我耳壓很敏感，在電梯裡都會出現耳膜不適，像我這樣的學潛水可以嗎？」

「我們這種『金融男』，沒什麼文學造詣，能不能推薦幾本描寫『金融男』的文學作品呢？」

回應傾聽式的請教法：對方講觀點時，你用事實演繹；對方講事實時，你為對方歸納觀點。這其實就是替對方補充完整下半句。比如：

他（她）說：「在水下的世界，你不僅能看到從來沒見過的魚，各種形狀、顏色的珊瑚，還能體會到失重的感覺，人輕飄飄的，十分自由暢快。」

你補充他（她）的下半句：「懂了，這就像到了另一個星球吧。」

只有高度共情的人，才具備替對方說完下半句的本領，這樣，對方會產生一種奇妙的感覺。在相親過程中，我們真正要交付出去的恰恰就是這種感覺，而不是某些特定資訊。

能展示自己共情力的還有這些句子：

「我就知道你會那麼說。」

「對啊，我正想說呢。」

「你這個詞用得很準確，我剛剛在腦海裡搜索的就是這個詞。」

另外，在聊天過程中，他一定會提問。你回答問題的原則是誠實。因為他在拋出問題後，除了在等待你的回答，更在觀察你的反應。哪怕被問出了自己的弱點，你也不用怕，仍然要誠實作答，同時借鑑「麥穗+向日葵」法，也就是先抑後揚——誠懇地說出自己的弱點，再來一個巧妙的轉折，點出這個弱點給你帶來的不可替代的優勢。比如：

他問：「你上段戀愛是什麼時候結束的？」

哪怕你是個大齡青年，因為太宅或要求太高，還從未戀愛過，你也應該誠實作答：「我還沒有正式戀愛過，在這方面缺乏經驗。」這是麥穗，也就是欲揚先抑的部分。然後，你讓向日葵登場：「之前的單身也很好，我培養了很多業餘愛好，交了一群忠誠的閨蜜，他們都是我的堅實後盾。」

再舉一個例子：

他說：「好奇地問一下，你在公司裡是什麼職位？」

哪怕你是最基層的員工，做的工作無足輕重，你也應該誠實作答：「我目前正在公司基層一線鍛鍊，收集客戶資料，這工作挺輕鬆的。」這是麥穗，接下來你要利用向日葵好好地展示一下你的潛力：「我正好有時間和精力來繼續學習，我在考會計師，計畫下半年把證書拿到手。」

相親，不是看短線，而是看長線。實事求是地說明自己的現狀，展示你誠實的本性；「麥穗+向日葵」式地解讀現狀，證明你值得他（她）長線投資。

你要準備的第三類談話資料是，為下次見面播種的故事。

如果在相親快結束時，你對他（她）有好感，同時覺得他（她）對你也熱情，那麼這說明你們沒有被對方篩掉，恭喜！你們值得繼續前行，在接下來的一次又一次見面中繼續試探和摸索。而現在你要在意猶未盡之時見好就收。「我覺得我們有好多東西可以聊。」這是一句最好的結束語。

怎樣為下次見面播種？你要預先選好地方，但可以給他（她）留個懸念，用我們之前學過的「猜猜猜」。

「在我們市郊，有一個地方，被唐詩提到過兩次。風景很美，最適合春天去，你猜它是哪兒？」

如果他（她）沒猜出來，你可以故作神秘地說：「下週四我再告訴你，你只需要把週六的時間留出來，其他一切安排交給我。」

讓他（她）在小小的興奮和大大的期待中度過接下來的一週吧。

正如夏多布里昂在電影《義大利之旅》中的一段臺詞：「每一個人身上都拖著一個世界，由他所見過、所愛過的一切組成的世界。」在相親中，你尊重自己的感覺，同時去尋找他（她）的感覺，感覺對了，你們兩個的世界就相交了，一切就都對了。

# 14 當百歲人生遇到「八〇後」「九〇後」「〇〇後」……

每一代人都由上一代人養育而成。因此每一代人都需要不斷進步，從而讓他的下一代人也得到進步。這種進步是不斷循環的。

——愛米爾．涂爾幹　法國猶太裔社會學家、人類學家

代與代之間的聊天，是在傳遞智慧的接力棒；代與代之間的交流，是人類進步的根本。跨輩間的交流，能豐富你看事物的角度。

我很珍惜跨輩交流的機會。當我覺得未來虛無縹緲的時候，上一輩人會啟發我如何看透人生。當我覺得自己已經看透人生的時候，年輕一代會把我拉回到認識生命的起點。

在這個百歲人生的時代，我們在社交場合有更多的機會遇到不同時代的佼佼者。中國改革開放以來翻天覆地的變化，幾乎相當於穿越了西方社會一百多年的歷程，因而跨輩交流也會更加頻繁。

《最好的告別》一書記錄了一個很有趣的現象：過去，能夠活到老的人並不多見。

老人常常作為傳統、知識和歷史的維護者，具有特殊的作用。年輕人遇到不懂的事情，會找老人請教。那是一個老人備受尊崇的時代。於是，人們故意將自己的年齡往大了說。可是，「在十八世紀的美國和歐洲，謊話的方向發生了改變。今天，人們經常對人口普查員低報他們的年齡」。

隨著現代資訊技術的發展，崇老文化瓦解了。現在，年輕人遇到不懂的事情，搜尋谷歌、查維基百科會更便捷。當老人不再獨有知識這個寶貴的財富時，老人的獨特價值在哪裡？我覺得主要體現在兩個方面：

第一，老人更容易抓住瞬息萬變的社會中不變的要素。

我經常告誡年輕人，不要猶豫，你應該抓住一切機會和老人聊天，尤其是那些充滿智慧的老人。為什麼？當今，競爭越來越激烈，職業分工越來越細化，你會發現，你需要掌握的知識在容量和複雜程度上已經超出了個體所能承載的極限。於是，現代年輕人被迫變得焦慮起來。而穿越風雨走過來的老人會讓你明白，在複雜變化的世界裡，總有一些東西是永恆不變的，他們善於從事實中洞察那些最根本的規律性的東西。和這些長者聊的就是那些永恆不變的東西。不要小看這些永恆的東西，唯有抓住它們，你才能應對如今瞬息萬變的社會。

我曾和一位老前輩聊到這兩年經濟形勢不好，影響到了培訓諮詢行業。他淡定地說：「二〇〇八年那時候，比現在還糟糕呢。沒有關係，實體經濟要恢復過來，始終擺脫不了對人才的培養。果然，二〇〇八年之後的兩年經濟就恢復了。」長者更容易看到萬變中的不變，從而將「鎮定」傳遞給年輕人。

我還和另一位老前輩談到了最近時間不夠用，事情總做不完的問題。他笑著說：「你從生命軸的上半段看下半段，你會覺得要追、追、追，永遠追不夠。等你到了我這個年齡，往回向生命的起點看時，你自然就會知道，追到的大多數東西並不重要。」聽過這番話之後，我開始重新為自己的人生目標排序。

第二，老人能更好地、跨學科地分析大型數據庫。

年輕人在體力、精力、野心方面勝過老人，而老人在經驗上、在領悟生命的價值上、在瞭解人性上會遠勝年輕人。正如美國演化生物學家賈德・梅森・戴蒙在TED（美國一家私有非營利性機構）演講中所說的：「當需要跨學科地思考大型數據庫時，比如經濟學和比較歷史等，這樣的任務最好留給年齡超過六十歲的學者來做。在監督、管理、諮詢、戰略規劃、教學及制訂長期計畫上，老人比年輕人更擅長。」

## 假如你是長者

假如你自己一下子變老了，那麼你擁有的是「過去」，在交談中，你可以給予年輕人的是基於過去產生的經驗，以及經歷了坎坷後所擁有的信心。

在和年輕人第一次見面時，你不要輕易地說這些話：

我像你這麼大的時候，也很天真，總是以為……其實根本不是那麼回事。你對這個可能還沒有經驗，我告訴你……這裡面的水太深，對於你這個年齡的人來講，還是不要往裡蹚。

你可以多對年輕人說：

真是羡慕你們的激情！長江後浪推前浪，我很看好你們正在研究的這個新玩意。好好利用你們的時間資本，大膽地多多嘗試吧。

## 假如你是年輕人

假如你是年輕人，那麼你擁有的是未來。在微交談中，你可以給予長者的是他的人生故事在新時代裡的重新解讀，他的經歷在未來的意義。

隨著人的年齡的增長，「我是誰」這個命題更為複雜，卻更為重要。在漫長的人生中，長者做過很多決定，它們可能是相互矛盾的決定；長者也經歷過很多喜怒哀樂，而且每次經歷都在改變和重新塑造著「我是誰」。《百歲人生》中提出：當人的壽命變長，是什麼將一個人經歷的變化連起來？是什麼使「你」仍然是「你」？

是的，當一個人經歷了不同的人生階段後，起點變得越來越不重要；而充滿變化的人生中，旁人積極的反饋，能映射出他的價值觀，能幫助他確認自我身分，構建自己的理想人生。

以下這些話，年輕人不要對長者說：

用上一輩的做法來應對現在的問題，顯然是不現實的。

我們現在都不按照那種老套的方法做了……

這個最新技術估計您不知道……

年輕人應該對長者說的是：

我發現您對這個行業趨勢的感知，其實比年輕人更客觀、更理性。

根據您這麼多年的積累，請教一下……

我初入職場，發現最有用的知識是書本和學校根本不會教的，請問……

跨輩交流可以聊出相互欣賞，可以傳遞生命的接力棒。

15

# 面試交談：從感情始，以感情終

履歷之外，更能看出契合度。

——帕蒂．麥考德　網飛公司前人力資源總監

職場上，一位求職者是否會被錄取，其實是雇主的一個感性的決定。

在求職的競技場上，人資的辦公桌上或者電腦裡總是堆積或儲存著如雪片一樣多的簡歷。如果雇主只是單純地做理性客觀的判斷，那麼他們只需要對比所有簡歷中的資訊，找到那個資質和經驗最匹配崗位要求的人即可。在科技突飛猛進的今天，人工智慧可以完美地完成這個動作。

可是，實際情況遠非如此，通常雇主還要求進行一次面試。這就說明雇主需要感性判斷，來決定最終的錄取人選；並且人們發現，雇主瞬間決定的變數很大，常常不按常理出牌。有時他做的決定在旁人看來是衝動的、非理性的，甚至是瘋狂而無法理解的。他可能並不在乎你的過去，並不在乎你的專業或資格證書，而是與你的一番談話讓他覺得想和你共事。

我們也可以做一個有趣的比喻，招聘就像找對象，這個決定是從感情開始，以感情

結束的。中間可能會有理性的思考，而理性不過是提供輔助工具，感性才是真正影響決策的因素。

其實，面試不過是一場對話，你完全可以用協同互動的對話來打開他的感性閥門。全球知名職業導師理查德．尼爾森．鮑利斯在《你的降落傘是什麼顏色》一書中建議：面試者遵循50/50原則以及二十秒到兩分鐘原則。50/50原則指的是，面試者用一半的時間聽，用一半的時間說。二十秒到兩分鐘原則指的是，面試者在回答問題時，要把回答的時間控制在兩分鐘以內。我的理解是：一方面，你在回答問題時，不要用簡單的「是」或「否」或一個關鍵詞，而要多說幾句；另一方面，你的回答不要超過兩分鐘——哪怕是再複雜的問題，你也要在兩分鐘內回答清楚。你如果做不到，就說明自己還沒有想清楚。

面試交談該怎麼談？我分三個階段來教你——進門入座後，展開談話中，出門離去前。

## 進門入座後

你在進門入座後，需要向面試官展示一個輕鬆自然的開場。你可以依照以下三個思路。

思路一，談談房間中擺放的物件或辦公室環境。

你可以在入座後讚美窗外美麗的城景：「哇，整個外灘的景色一覽無遺，很嚮往貴公司的高度和視野啊！」

你可以看著他辦公桌上的薄荷牛奶糖，誇讚道：「王主任，您真是一個注重細節的人，這款糖可是辦公室最受歡迎的零食，超級提神，我第一次吃的時候，感覺涼得就像去了一趟南極。」

思路二，說說來此地途中的趣事。

你們樓下的桂花樹好香，香中帶甜，這正是十月上海的味道啊！

我居然在你們這條路上看見有人賣那種長長的爆米花，我還以為自己這輩子再也見不到這種零食了，我們這個科技園真是現代和傳統的無縫接軌啊。

思路三，提提中間人。

早就聽我的師姊提起過您，她對您讚不絕口。她進入貴公司營業部五年了，您一直是她暗自追趕的榜樣。

我的朋友王××當年也是您面試的，他對您很感恩，說您當時提醒他的那幾句有關職場發展路徑的建議，一語中的。

我是通過李××知道我們部門有這個職位空缺的。李××是我的健身夥伴，健起身來和工作一樣拚命！

## 展開談話中

你勝過其他候選人，可能不是因為你能力強，而是因為你準備得最充分，你對話的姿態最大膽。

你準備充分體現在你對這四大主題的瞭解：行業、公司、職位、個人。

你的大膽態度體現在：你不僅要圍繞這四大主題來做闡述，還應該圍繞這四大主題去詢問其他人。別忘了50/50原則。他們在面試你，你也在面試他們。你說話和問問題的時間，約等於他們說話和問問題的時間。

具體該怎麼談？我們就圍繞這四大主題來談。不管面試官有沒有問到，你都應該主動提及，不能遺漏——行業、公司、職位、個人。

第一，聊行業——時鐘計畫聊出上天視角。

還記得我前面介紹的時鐘計畫嗎？你可以將話題放在三個時段中聊。比如，如果你們所在的行業是在線教育，那麼你可以用時鐘計畫這樣聊：

過去，在線教育是憑藉價格優勢吸引用戶的；如今，互聯網技術升級了，在線教育能打破空間的障礙，讓用戶與專家或外教更自由地互動；未來，隨著各種類型的移動端學習App不斷被推出，以及各年齡段成人逐漸養成的終身學習的習慣，我認為在線教育會因為其碎片化和方便靈活吸引更多用戶。

再比如，你們所處的行業是零售業，你可以用時鐘計畫這樣聊：

過去，電商和實體零售水火不相容，雙方相互競爭；如今，傳統電商紛紛搶灘線下，而實體零售加速互聯網轉型，電商和實體零售不再分庭抗禮，而是合作共贏；未來，我覺得這種相生相伴的格局會繼續下去，尤其是在開發城鎮和農村市場這個新風口上，農村電商和農村門店會一起把這塊蛋糕做大。

在你說完以後，你該怎樣問問題呢？

你可以針對行業發展趨勢提出兩種截然相反的問題：哪些是變化的？哪些是不變的？比如：

我想冒昧請教您，隨著移動直播、大數據、人工智慧這些在線技術的升級，未來五年到十年，成人教育領域可能會經歷什麼變化？

一個相反的問題：

我想冒昧請教您，隨著移動直播、大數據、人工智慧這些在線技術的升級，未來五年到十年，成人教育領域不管怎樣發展，哪些要素是永遠不會變的？

第二，聊公司——剝洋蔥皮，逐層深入法。

我們之前介紹的三層洋蔥皮聊天法很適合用來聊公司。你可以由外到內剝下三層洋蔥皮：資訊、觀點、感受。也就是說，先說你在資訊層面對這個公司的瞭解，然後說你是怎樣看待這些資訊的，最後分享一下你的感受。

面試前，請仔細研究面試公司的官網主頁，並搜索一切有關該公司的新聞，你要能說出公司的價值觀（這也正是你仰慕該公司的原因），公司過去五年經歷過的重大變化，公司的盟友或對手的特點。你需要在面試官問出「你瞭解我們公司嗎」這個問題之前，主動地表達出你對他們公司關注已久，並且表現出你有自己的洞察力。說完後，你記得要謙虛地問問對方，自己這樣的理解對不對。比如：

聽說貴公司去年給了員工們很多資源，讓他們有開發新產品的自由，讓他們享受到創業的樂趣。（以上是資訊）在這種模式下，我覺得能留在公司裡的人，都是自願地奉獻青春和熱血的人。（以上是觀點）我最欣賞貴公司的兩點是真誠和熱愛。真誠，踏踏實實地做禁得起檢驗的產品，和用戶交朋友；熱愛，激發每個員工做自己喜歡做的事情。（以上是感受）不知道我的觀察對不對？（以上是謙虛的詢問）

再比如：

去年三月，貴公司召回所有疑似受汙染的產品。（以上是資訊）我認為召回產品的舉動短期內讓公司遭受了損失，長期來看，這的確是一次踐行價值觀的好機會。貴公司在股東、員工、客戶三者的排序中，把客戶排在了第一位。（以上是觀點）我之前有過創業經驗，非常認同把客戶放在首位的公司，我也一直在尋找這樣的公司。（以上是感受）您覺得我找對地方了嗎？（以上是謙虛的詢問）

第三，聊職位——借力打力。

提前瞭解一下這個職位在整個組織裡的功能、價值。你在講述時，可以嘗試用類比的方式——如此做類比能讓人印象深刻。比如，你應聘一家管理諮詢公司的顧問職位，你說道：

我理解的顧問工作，就是根據企業客戶的營養需求和口味需求，去配一桌大菜。他需要找到廚子，也就是培訓師，他還需要找到最新鮮的原料，也就是最先進的管理或測評工具，以及合適的時間和場地。各方配合，讓這場宴會的賓主盡歡。

如果你應聘一家公司的產品經理職位：

我覺得產品經理就像足球隊的中場，他是全場最有活力的那一位。他在教練，也就是您的指導下，調配資源，控制節奏，保持球的控制權在我方，並將能量傳遞給每一位隊友。

如果你應聘一家公司的軟體設計師：

我一直把自己看作一個魔法帽，能變出神奇的小兔子或噴出漫天飛舞的紙鈔，而工程師是魔法師。也就是說，要讓奇蹟發生，魔法帽必須讓魔法師知道自己的魔力——不僅要讓他知道這個帽子有什麼魔力，還要讓他知道為什麼要有這樣的魔力。只有當工程師真正贊同這個設計提案值得被開發出來後，奇蹟才會發生。

談過自己的見解後，你可以問對方：「我想請問一下，您心目中最能勝任這個崗位的人是什麼樣的？」

不要小看這個問題，這是一個能讓局勢發生大逆轉的問題。也許考官過去都還沒有仔細從容地思考過這個問題，或者用人部門和人力部門也還沒有機會在這個問題上達成一致。你的問題將力量賦予了對方，讓他們從容地梳理出甄選標準。更關鍵的是，你能借此發力，針對他們的標準，一項一項地往自己身上套。

對方說：「我們希望這個客服代表職位的候選人正好有類似的工作經驗，這樣他能很快上手。」

你接話道：「我是換行不換崗。雖然沒有在快銷行業工作過，但之前的崗位和我們現在的崗位是同一個性質的。之前的工作很好地鍛鍊了我面對客戶時的應變能力，我也接受過客服人員心理方面的專業培訓。」

如果他說：「我們期望這個職位的繼任者有感染力，能用熱情感染整個團隊。」

你接話道：「完全贊同。一個團隊的成功，不在於每個成員有多麼能幹，而在於團隊成員之間的和諧互動。在之前的公司裡，我善於組織團體活動，我知道怎樣利用遊戲、音樂、大自然、美食、獎品等，激發大家參與、互助、交流、學習。」

如果對方說：「我們希望的是有管理經驗的人來直接上任。」而你之前只做過工程師，恰恰沒有管理經驗，那怎麼聊呢？

你要努力地找到你和這份管理工作特質的相通之處：「作為工程師，我熱愛創造。

我知道這份工作意味著，從個人創造到指導團隊一起創造。我知道工程師的語言，我有創造的經驗，我和團隊的溝通會順暢高效，這個職位和我非常匹配。」

瞧，在借力打力的過程中，你毫不費力地將自己推銷出去了。所以，在談到職位這個主題時，你一定要記得問這個關鍵問題：您心目中最能勝任這個崗位的人是什麼樣的？

第四，聊個人——用STAR法來做真實的吹噓。

「介紹一下你自己吧。」這是幾乎每次面試裡都會提的問題。

這個時候千萬不要背誦履歷，因為他們手裡正拿著你的履歷；而且，我們生活在一個互不信任的時代，我不相信你履歷上羅列的功績，我也不相信你的自我吹噓。我只相信自己的眼睛在此時此刻的觀察。

怎樣做才是最真實地綻放自己？不要抽象，要具體；不要描述，要資訊。因此，應該謹遵STAR呈現法：Situation（當時的情境）、Task（你的任務）、Action（你的行動）、Result（產生的結果）。舉幾個例子：

你與其說「我擅長團隊建設」，不如說「我剛擔任部門經理時，每年員工的離職率是百分之二十五。我開展了員工滿意度調查和總經理信箱活動，建立了導師帶人制，並堅持每週一次的員工交心會。今年，員工離職率降到百分之十」。

你與其說「我有為全公司更新後臺操作系統的經驗」，不如說「當時我們更新了一套業內最先進的Athens系統，我的任務是讓所有同事在半個月內熟悉掌握新軟體系統。我設計和組織了全日制培訓，綜合利用公司內部培訓師資源、線上課堂和崗上指導。半個月後，百分之九十六的同事表示能用新系統完成工作」。

如果你能嫻熟地使用STAR法，你的能力就不會顯得子虛烏有，而是給人更真實的感覺。正如美國行銷專家伊恩·奧特曼所說的：「不要告訴別人你能做什麼，而要告訴他們你解決了什麼問題。」

## 面試結束後

在面試結束後，起身離開前，你怎樣留給面試官一個華麗的背影？有智慧的人不會把關係止於這一次會面，而會將這一次會面看作漫長緣分的開端。你可以說：

不管我們這次有沒有機會成為同事，只要我們都還在這個行業，以後肯定還會有交集，我非常期待那一天。如果有什麼我可以幫到您的，不管是職業上的，還是生活上的，請一定告訴我，我一定盡力相助。

這是一種超出面試範圍的道別，是一個有格局的道別。

當你走出門後，面試官扶了扶眼鏡，低頭爽快地在你的資料上標上一個星號，你成功了！

你的成功僅僅是因為你的背景最契合這個職位嗎？

不，可能你的人格魅力打動了他，他相信你的魅力同樣可以征服整個團隊；或者你認真的前期調查和深入的思考感動了他，他相信你哪怕沒有本行業的直接經驗，也是一位快速學習者。

如果他標的那個星號並不代表你最終被錄取，難道你就失敗了嗎？不，你同樣成功了。

也許你廣泛的涉獵和獨特的視角啟發了他，他想進一步認識你，想和你有更多的交流。哪怕他給出的答覆是「不」，那也只是「現在不」、「我這裡不」。以後有機會，他還會想起你，或者周圍有合適你的機會，他會推薦你。

# 16 與主管聊：建立情感紐帶

在聯盟中，雇主和員工建立的關係基於他們為對方增加價值的能力。

——里德．蓋瑞．霍夫曼　領英聯合創始人

職場上，我們常常會和自己的主管獨處。想像以下情景：

你和你的主管碰巧在茶水間相遇，短短幾分鐘內的獨處，你對「說什麼、怎麼說」患得患失；

你和主管在飛機上有一段較長時間的獨處，你感覺這是一場煎熬；

眼看著要和主管乘同一部電梯，你毅然地走進樓梯間，哪怕你的辦公室在十六樓。

## 你害怕和主管聊天嗎？

終身雇傭制已成為歷史，互聯網時代的雇傭關係，已經從商業交易轉為互惠關係。過去的商業交易是，員工用時間和才幹換取金錢；現在的相互關係是，員工付出努力讓公司更成功，公司提供平臺讓員工更有價值，甚至讓員工形成有別於雇主的個人品牌，從而在勞動力市場上更搶手。

在這種互惠關係中，員工沒有義務長期留在公司，公司也沒有義務提供長期的安全網。於是，員工對公司的忠誠，轉化為對職業的忠誠，對那位他崇拜的主管的忠誠。換句話說，我在公司裡工作，不一定要和公司建立長期關係，但我必須知道，怎樣和這個職業建立長期關係，怎樣和那位有能力的主管建立一對一的長期關係。

和主管建立終身關係，這個挑戰登上了新的歷史舞臺。而微交談，是建立終身關係的基本方式。

要和主管進行微交談，你在平時需要做好兩方面的準備：一方面，讓自己成為一個資訊中樞站。你要習慣性地關心和幫助各部門的人，在幫助他們的過程中，不妨聊聊天，這樣自然會收集到來自不同部門的不同反饋——他們遇到的問題，以及解決問題的不同思路。如果你能跳出自己的視角，從其他部門的視角來交談，主管一定會高看你的。

另一方面，培養自己的高層視角。公司亟待完成的工作任務、面臨的挑戰以及競爭環境，你都知道嗎？你真的清楚公司的業務是如何運作的嗎？公司的損益表你有讀過嗎？如果這些資訊你一無所知，那麼你的人生藍圖和主管的藍圖永遠是平行的世界，不會發生交集。

在《網飛文化手冊》中，帕蒂．麥考德說她會如此測試員工：「在休息室或電梯裡隨便叫住一名員工，任何一個級別的員工都可以，然後問他公司在未來六個月裡要做的最重要的五件事是什麼。這個員工應該能夠飛快地把一二三四五條都答出來。」

做好了這兩方面的準備，和主管微交談會變得容易起來，而且回報會很大。具體怎樣交談呢？

## 不可忽視與主管的交談

第一，如果只有兩三分鐘時間，你可以用來向他表達感激。

你的每一次機會，都是有人幫你連結的。那扇門真的是你獨自一人打開的嗎？沒有他對你的信任和支持，你能走到今天嗎？你有沒有向他們正式地表達過感謝？他們為你鋪路，他們給過你建議，他們幫你做過介紹，他們為你提供了一次重要的面試機會，他們在你沒有任何推薦人的情況下雇用了你。由此，你才能走到今天這個階段。讓他們知道，他們的一個小小善舉，對你的人生產生了重大影響。當對方為你增加價值時，你千萬不可低估它。

利用這個非正式的場合正式向他表示感謝。正是因為在私下場合，所以你的感謝會顯得更真誠。告訴他你的成長，不僅是業績上的成長，更重要的是你的性格、價值觀、能力諸方面的成長。這背後的邏輯就是，你現在變得比以前更搶手了，而這是因為他甄選了你，他給你提供了平臺和資源，讓你成長得如此迅速。

王總，加入團隊這兩年，對我的意義非同小可。您看，我們這個項目既跨文化又跨地域，還跨學科，我每天都能實實在在地感覺到自己在成長。兩天前的××事情，讓我學會了怎樣將不同角度的觀點結合在一起，怎樣和他人對話，而不是搞對抗。我一直找不到機會正式感謝您。非常感謝您給我的指導和機會！

縮略版如下：

我剛剛進入這個行業，謝謝您不斷地給予我建議，讓我少走彎路，我不勝感激。

第二，如果有機會和主管做更長時間的交談，那麼請聊出你的目標和夢想。他可能知道你的知識、技能，但或許並不清楚你的天賦、信念和態度；而後三個，才是你個人品牌的真正屬性。如果你預備在這家公司不僅是「完成工作任務」，而是「建立事業」，那麼，你需要讓主管知道你身上的天賦、你內心的信念和你對人生的態度。這種資訊傳遞是必要的。它的意義是，請你協助主管來幫助你。

而微交談非正式的場合，很適合傳遞這類資訊。在過道裡，在茶水間裡，在飯桌上，老闆的職業人格會被隱去，個人人格會突顯，也就是說，他更像一位可以親近的父親。這時，你應該暫時撇開雙方的職業人格，把他當作父親。這個類比不一定恰當。如果覺得把他當作父親你做不到，那麼你就把他當作岳父（公公）吧。我的意思就是，放輕鬆一些。

第三，用巧妙的提問，喚起他那種對待「小弟」的情懷。

有的人一上來就和主管說：「您做我的人生導師好不好？」這樣會把主管嚇跑的。你只要把他當作自己的導師就行了，而且不用說出來。所以，他的角色是「岳父（公公）+導師」。

你提出巧妙的問題，自然會得到機敏的回答。你可以這樣請教導師：

我也是同濟大學畢業的，我覺得自己和三十年前的您很像。非常羡慕您現在有這樣的經驗和才華，請問，您在我這個年齡時，是怎樣規劃自己的事業的？

這樣的問題能喚起他那種對小弟的情懷。如果你有心吸收他的意見，他將毫無保留，傾囊相授。

每個人都是在參照他人中完成自我定位的。他人的認可、支持，這是不容忽視的重要的情感資源。很多成功人士，尤其是成功男性，在嚴格的自我管理下獲得成功，顯赫的社會地位背後付出的代價往往是與他人日漸疏遠的情感連結。你主動地與他建立情感連結，也許對他有非同尋常的意義。

第四，爭取更多時間。

如果你在茶水間或電梯間遇到執行長，在短短的一兩分鐘內，你根本就不足以展示自己的潛質。這種情況下，我的策略可能是利用這一兩分鐘和他聊個「引子」，就像電影的teaser（預告片），說服他安排一個和我單聊的時間。他若同意花更多時間和我交談，那就是最大的成功了。

第五，鼓足勇氣，建立真正的人際關係。

主管代表的是權力，如果你敢於和權力建立自然的、輕鬆的關係，那麼你已經在展示這個時代最可貴的品質——勇氣。

我們應該懷揣著這份勇氣，去建立真正的人際關係。真正的人際關係，不是建立在諂媚奉承之上，而是建立在平等之上的。

平等體現在哪裡？主管是全才，我們是專才。領導力不僅僅指主管對我的指導和監督，還包括我對他的呼應和追隨。我們不能只知道埋頭苦幹，還要懂得怎樣抬起頭來和主管做真正的連結，懂得如何向上管理。下面的表格左邊是埋頭苦幹型員工，右邊是向上管理型員工。

不可忽略和主管的交談，因為努力工作是成功的必要條件，但不是充分條件。成功取決於很多不確定因素，其中一個很重要的因素是你和主管的情感紐帶。微交談幫你建立起的情感紐帶有可能幫助你跨越階層，打破制度，去成就一些別人成就不了的事情。你把你的資訊傳遞到了主管那裡，有一天，主管的資訊也會傳遞到你這裡。也許，你希望做的那個職位上的同事突然遞交辭呈或決定移民，這樣公司就有了空缺，這個既讓你驚喜又出乎你意料的資訊就傳遞到了你這裡。

| 場景 | 埋頭苦幹型員工 | 向上管理型員工 |
| --- | --- | --- |
| 電梯裡遇見主管怎麼辦？ | 點頭打個招呼 | 不躲不閃，主動攀談 |
| 在電梯裡聊一分鐘的目的是什麼？ | 推銷自己 | 爭取下次和他更詳細面談的機會 |
| 平時和主管聊天談什麼？ | 我辛苦完成的那些工作 | 我在工作中獲得的成就，並從主管那裡瞭解公司的發展動向，把我的成就和公司的風向標調整為一個方向 |
| 怎樣看待自己？ | 能為主管工作，我很幸運 | 主管能有我為他工作，他很幸運 |
| 怎樣看待主管？ | 他是管理我的人，他要運用我的長處 | 他和我在公司組織裡分工不同，我需要運用他的長處，從而創造出更多的價值 |
| 怎樣聆聽？ | 他說，我做 | 他說的同時，也在引導我說，我們共同設計目標和路徑 |
| 怎樣表達？ | 我要傳達給他的是可交付的結果 | 我要傳達給他的是工作實踐中我的思考和發現 |

# 17 與熟悉的陌生人交談：讓我們「煮熟」友誼

不過分看重自己的人，總能成功地從別人那裡獲得他應得的尊重。不過分要求利益的人，總能滿意地得到他應得的部分。

——亞當・斯密

熟悉的陌生人指的是，不陌生，但也不太熟悉的人。

一方面，友情的種子已經播下了，它等待著你們不斷澆水、施肥，讓它從一寸高的苗[4]，長到兩寸，再長到三寸。所以，我們要保證它每次的成長，都基於上次達到的高度，而不是重新從零開始；另一方面，因為我們之間的交往有時間跨度，不能急躁地把「互相利用」作為談話的唯一標準，而應該以友善和同理心來互相安撫，互相鼓勵，互相陪伴。

具體應該怎樣交談呢？你可以和對方談歷史、談現在、談未來。談歷史，是為了拉近情感距離；談現在，是為了增進雙方的瞭解；談未來，是為了將來有機會產生更多交集。

4. 一寸≈三・三三公分。——編者注

## 談歷史——讚美對方

之所以要談歷史，是因為你和他以前已經認識了，彼此並不是完全的陌生人，那麼談你們的歷史就相當自然了，哪怕那是一段模糊的歷史。

你可以這樣開場：

我記得在上海辦公室裡見過你，當時就覺得你很有氣場，我印象特別深刻。

上次我們見面是在公司年會上，我記得你是最有條理、最胸有成竹的那位發言人。

我們好像上次家長會坐在一起吧，你代表家長向老師提的問題，說到了重點上。

在說這些開場白的時候，你盡量讓讚美的話脫口而出。

假如對方是一位女士，你可以說：「你比我兩年前看到你的時候氣色還要好，真的是逆生長啊。」

假如你遇到的是一位男士，你可以說：「我們倆雖然沒好好聊過，但經常聽同事提起你，說你既有才氣又有人氣。」

但也許有人會問「如果我沒覺得她氣色好，怎麼辦」，一般來講，一個人兩年前和兩年後的氣色不會差很多。如果她的氣色真的很差，你就稱讚她其他方面吧，「你看上去比兩年前心態更好了，滿臉的幸福」。

在這裡，我想說一個很關鍵的點，在社交場合，你如果不會撒些善意的小謊，就很難成為社交達人。

這是什麼意思？比如，對方其實外貌普通，但你可以稱讚她氣質好；瑜伽其實你很少做，但如果瑜伽是對方的菜，你就要大力贊同它有益身心健康；你明明和聚會的主人不熟，但也要用談論老朋友的語氣那樣聊起他。

為什麼要這麼做？在社交場合上，明白人都心照不宣——你聽到的和你說出的每句話，並不是百分之百地真實。所謂社交，在某種程度上，就是用善意的恭維和優雅的託詞去製造輕鬆愉快。對，這是以製造輕鬆愉快為目的的社交場合，這不是心理醫生的診療室。

## 談現在——請教對方

你可以詢問對方目前從事什麼職業，在做什麼項目，生活工作中有什麼變化。請記住，談這個話題時容易犯的錯誤是連珠炮似地發問。請使用我們之前介紹的「說、問、說」三部曲。這個三部曲能讓你在詢問的過程中，既給自己帶來資訊，也讓對方瞭解你目前的狀態。

在瞭解對方現狀的同時，你可以抓住機會請教他，請教是最好的恭維。

你可以請教什麼？簡單來說，請教一個只有他才能回答得了的問題。注意，不是那種路人都能回答的天氣問題，而是你基於對他的職業或生活狀況的瞭解，只有他才能回答得了的問題。然後，你要對他的回答做進一步闡釋。這種溝通方法的好處是，能讓他感覺到自己既受重視，又被認同了，一拍即合。比如：

你可以問：「恭喜你又一次榮升為爸爸了。我們也在考慮是不是生個老二，想請教一下你的經驗。」

他說：「有了二寶，累是累。不過，我也從沒後悔過。」

這時你可以針對他的回答，提供新的證據支持：「難怪！我媽一直都支持我們生二孩，她也回憶說，老二帶來的快樂大大多於辛苦。」

你看，這麼一聊，你和他更親近了。每個人都在下意識地尋找「同類」，尤其是在進入一個未知的領域時，找到的那個「同類」讓我們覺得更安全和溫暖。

你如果能和他聊出「我們有相似的個性，互補的需求」，就真是一位高手了。而你為他的想法提供更多的支持、證據，就是聊出「我們有相似的個性」最有效的方法。

剛剛我提到「相似的個性，互補的需求」，那麼你們怎樣聊出「互補的需求」？這個時候，我們該聊聊未來了。

## 聊未來——幫助對方

你可以詢問他現在正面臨的挑戰，以及解決這個問題需要哪些幫助；並且你要表達出非常樂意且有資源幫助他，這種幫助可以是即時兌現的，也可以是將來發生的。正因為它可以是將來發生的，所以幾乎對任何人你都可以請求幫助。

「非常樂意且有資源」，這正是你展示「溫度」和「能力」的時候。比如：

對方如果正在趕畢業論文，你可以說：「我學的專業雖然和你不一樣，但說不定格式可以供你參考。我把我的畢業論文發給你看看吧。」

對方如果在創業，需要資金，你可以說：「我幫你關注一下，如果我身邊有投資界的朋友，我先找你要一份項目計畫書轉給他們看看。」

對方如果在準備留學，你可以說：「我先生是留學機構的資深顧問，可以幫你參謀一下。」

對方如果困惑於如何轉型進入新行業，你可以說：「我有幾本關於切換人生賽道的書，當年我受益匪淺，寄給你看看吧。」

美國有一家社交機構，名稱是CXO，我記得它的總裁傑伊．艾倫曾經說過：「如果你不曾兩次給出有意義的幫助，這段關係其實還沒建立起來。」

同樣，在用聊未來的方式結束聊天時，你也可以問問對方對你目前的事業有什麼建議，為今後的互相幫助提供一個機會。

和他告別以後，記得將你們聊天的資訊記錄下來，在聯絡人卡片上面記錄他的職業、愛好、經驗、特長，以及其他一些細節，比如他孩子的年齡，他最愛的早餐搭配，他對某些物品的特殊偏好等等。

這樣，你們在下次再見面時就不愁沒話題可聊了。你們的每次見面，也不再是散亂的無序的點，而是連成了一條線，在這條時間軸上，你們的友誼不斷地得到鞏固加深。

# 18 會議交談：低風險拓展人脈

我們能產生最棒的想法——當我們把經理人的會面變成一場智力狂歡的時候。

——傑克．威爾許　通用電氣前執行長

隨著傳統組織能給予的保障越來越少，更多人選擇從傳統組織中脫離，用自己的技能開創更自由的工作方式。一次性合作，會成為這些自由職業者的常態。在組織變革中，公司越來越精簡化和扁平化，責任從組織層面下放到個人層面，於是，縱向攀爬的職業階梯路程變短了；在個人成長軌跡中，人們更頻繁、更大膽地去探索最能發揮自身優勢的工作方式和職位。於是，人們從忠誠於公司，變成了忠誠於職業。

《深度鏈接》一書中是這樣啟發年輕人的：

風險分為深風險和淺風險。當你去和一個人搭訕時，最壞的結果是他不理你，但明天太陽照常升起。但最好的結果是，你找到了人生賽道的新方向。這就是淺風險，損失小的風險。而如果你辭掉工作去獨自奮鬥，最好的情況是你創業成功，而最壞的情況是你失敗了，兩手空空。這就是深風險，損失大的風險。

所以，為了避免冒險式的賭注，我們需要盡量降低下注籌碼的風險。我們可以頻繁地承擔淺風險，卻要謹慎地承擔深風險。參加會議，拓展人脈，就是以最低風險為自己創造機遇的時刻。

在這一章中，我要教你如何從一個會議的被動參與者，變成一個主動的參與者。我要告訴你如何利用會議、社群，最大化你的社交效率。你將獲得會議前、會議中、會議後三份行動清單。

## 會議前的行動清單

1. 選擇高手雲集的會議。

你要想一想，哪類人有能力、有興趣真正地推動你在做的事情；並且，你要找到那種能挑戰你的舒適圈的會議。也就是說，參加會議的人都是比你水準更高、更有價值的人。如果這類會議體系龐大，在城市或國內或國際都有會議網絡，那麼你盡可能參加更高級別的會議。

為什麼一定要參加高手雲集的會議？人才層次和密度高的會場，會產生更強大的能量，碰撞出更多創意。正如叔本華所說的：「具有深度的交談和充滿思想的話語，只能屬於由思想豐富的人組成的聚會。在泛泛和平庸的社交聚會中，人們對充滿思想見識的談話絕對深惡痛絕。」如果不注重會議的品質，我們為了取悅他人，只能將自己變得平庸和狹窄，那麼這就成了「一樁賠本的買賣」。

我在這裡給出的標準是「高手雲集」，而沒有限定行業。其實，在不同行業的各色人中，你找到獨特交集的可能性更大。美國作家法蘭斯．約翰森甚至建議：我們應該經常參加一些不相干的研討會或聚會，這種活動有趣且比較有生產力。平時沒有理由彼此聯繫的聰明的頭腦聚在一起，往往會提高關鍵命運時刻的發 生機率。

因此，Nike公司的副總裁吉娜．沃倫表示，在自己行業內的研討會上，「人們都擁有和我一樣的經驗、經歷和世界觀」。每年，她都會參加很多和自身專長的領域完全無關的研討會、讀書會，在其他領域尋找交集，這是她靈感的來源。

這也是為什麼位於加利福尼亞州奧克蘭市的皮克斯工作室搭建了一個非常著名的中庭。那些導演、製片人、設計師等在中庭不期而遇，在眼神交會的那一刻，他們的思想發生碰撞，激發出令人興奮的創意。這就是最高效的社交。

記得有一次，我參加了一個在華盛頓D.C.召開的建築行業的研討會。我本來是去找人的，但在那個會議上，我巧遇了一位很健談的建築師，他對中國園林很痴迷。在交流中，我提到了中國園林建築的一大特點：「園子建好後，還不算完工，你猜要做完什麼才算真正完工呢？」

他好奇地問：「是什麼？剪綵？」瞧，我和他玩「猜猜猜」的遊戲，勾起了他的興趣。

「不，剪綵不是最重要的。必不可少的最後一步是，請人在不同景點作詩賦詞，並將其刻在石碑或牆上。只有完成這一步，這個園子才算真正地建好了。所以，人們不僅在觀賞園子，還在體味園林中的人文氣息。」

他當即對這種不一樣的文化甚是嚮往，表示要組一個建築師團，到北京和蘇州實地考察一番。我這個和建築行業八竿子都打不著的人，竟然被邀請做團長！

不同行業的高手聚在一起，能催化出很多新點子。點子越多，人生出彩的機會也就越多。高階主管們正在形成一種新的學習方式——從社交網路中汲取智慧。近年來備受關注的私董會，就是這種不同於傳統的學習知識和技能的方式。人們發現，在社交網路的溝通中，尤其是一對一溝通中，人們往往會提出在眾人面前、網上或文章裡不會提到的個人洞察。能否通過交談學習，取決於你的交談技巧和勇氣。這世上有很多專家是幕後英雄。找到他們，和他們聊一聊，你會有意外收穫。

2. 當計畫切換職業軌道時，你應當有目標地跨界選擇會議。

尤其是你處於職業轉型期時，你就更應該有目標地嘗試參加不同行業的會議。因為職業轉型不僅是換一份工作那麼簡單，更是轉換社交圈。歐洲工商管理學院的組織行為學教授赫米尼亞·伊瓦拉指出：「所有自我重塑都需要社會的支持。」

尤其是當有轉型的想法，但還沒有轉型的方向時，我們更要嘗試與不同領域的人交談。和哪些領域的人交流呢？想想看，你的興趣、特長、經驗在哪些領域，你就找那些領域的人去談。直到找到這幾個領域的交集，你就成功地找到了跨界發展自我的方向。

比如，當年我想創業時，仔細思考了一下自己的興趣、特長、經驗，我喜愛寫作、對留學申請有經驗，我也擅長和外國人打交道。我走進編輯圈子，又參加了幾次留學領域的峰會，還加入外籍人士俱樂部。這是我的收穫：一位在上海的外籍人士告訴我，他的中國朋友經常託他修改英語文章；一位從事留學工作的資深顧問透露，他們工作中最有技術含量的就是留學文書；我還發現編輯圈子裡很多人都是自由職業者，他們專門幫人修改論文、報告。

順理成章地，我找到了自己擅長的那三個領域的交集，開始了我的創業：與美國編輯合作，幫助中國留學申請者修改留學文書，這就是我做了快十年的留學文書快遞中心（liuxuetoday）。不僅如此，在這些會議中，我能找到我欽佩的成功人士、效仿的榜樣、取經的導師、與我有同樣夢想的同行者，甚至是能為我敲響警鐘的失敗者。

各種自我性格評價的軟體、親人們設身處地的忠告、朋友們忠言逆耳的友情，以及人生規劃師的那些高屋建瓴的意見，其實都幫不上太多忙。真正幫得上忙的是你感興趣的某些領域的專業知識，以及那些已經走過這條路的人回頭看時所總結的經驗和發出的感慨。

《你的降落傘是什麼顏色》這本書為我們提供了這樣一個例子。假設你對園藝、木工、心理諮詢感興趣，那麼你要做的就是盡可能運用這三類知識，而不是只使用其中的一個。怎樣把這三類知識結合起來？去找這三個領域裡的專家交談吧。比如，你先從專業背景要求最高的心理諮詢師開始，直接請教諮詢師怎樣把心理諮詢和另外兩種知識結合起來。你可能會從他那裡獲知，心理諮詢有一個分支，就是通過讓病人照料植物來幫助治療精神上的疾患。那麼，木工和園藝有什麼交集？也許在和園藝師或木工的交談中，你會獲得靈感，為植物打造花盆，或為花園建造籬笆。只要找到了這三個領域重合的部分，你就能成功地定位自己的獨特之處。

3. 想辦法獲得邀請。

你可以聯繫主辦方，詢問參加會議的條件。需要買入場券的時候，你就要毫不猶豫地購買。門票如果不外售，那麼你可以問你的朋友圈裡誰有辦法獲得會議邀請。你還可以用我們前面介紹的方法，用一個潛在的贊助方的身分，表達對會議的興趣，或者表達自己有做志工的興趣。

4. 拿到演講者名單、參與者名單或座位圖，做好前期調查研究。

我的習慣是，參加任何活動之前，我都會設定一個十人目標。我要和至少十個人交談，並提前重點研究是哪十個人。不做準備，不進會場。

我調查研究的內容包括：他們是做什麼的？此時，他們的事業或生活遇到了什麼……有了這些調查研究結果，我就知道自己大概可以為他提供什麼價值。

我還會把LinkedIn、臉書上搜到的目標人物的照片存到手機裡，這樣我在現場可以很快地找到他們。

5. 如果沒有辦法獲得入場券，那麼你就動用想像力，激發你的冒險精神吧。

人們相信徽章和胸卡，你可以自己製作並佩戴你的徽章，看上去你就像一名工作人員，從容地走進去。你也可以製作一張記者胸卡，用記者的身分走進去，其實，你就是自己的自媒體記者，為自己的文章採訪幾個重要人物，也不是不可以的。

我再介紹幾招更勇敢的。比如，你穿著昂貴的正裝，光彩照人地告知警衛自己是演講嘉賓；或者，你是某某演講嘉賓特別邀請的客人；或者，你直接走進去，被發現後假裝自己走錯會場。社交大師珍妮．馬丁還介紹道：你如果被抓住，就可以說「其實我是一名作家，正在寫一篇怎麼混進聚會的文章，我希望文章不要以我被你攆走而結束。」這樣的境遇就像一次有趣的冒險。

她建議你去看電影《婚禮終結者》。那兩個主角很厲害，可以毫不費力地闖入各種婚禮，他們有「潛行者」的本領。當然，那是一部喜劇。但他們倆詮釋的正是喜劇精神：「人生就是一部喜劇。」

我鼓勵你冒險，這屬於低風險冒險，因為常規之路有太多人去擠，把這條路擠得越來越窄。而用遊戲心態另闢蹊徑，做一點與眾不同的事情，你才有機會突顯自己，從而擊敗循規蹈矩的競爭者。

6. 吃飽喝足以後，再去赴會。

很多社交場合都是雞尾酒會，只有一些酒水和小吃，沒有正餐；而且通常是在下午六點到八點舉行，此時正是平日的用餐時間。如果參加活動前沒有吃東西，那麼你聊著聊著就餓腸轆轆了。肚子一餓，口氣也就變得不清新了。

你還記得電影《亂世佳人》裡史嘉麗的黑人奶媽的提醒嗎？「奧哈拉家的姑娘出去

赴宴，一定得先在家裡填飽肚子。」為什麼一定要吃飽喝足？

大多數時候，現場提供的是酒精飲料和冷飲。和陌生人交談本來就會讓人的神經中樞很興奮，酒精飲料又容易讓人過於興奮；冷飲會讓你的聲帶過緊，使你無法處於音質最好的狀態。肚子不餓，你才能克服這兩種刺激性飲品的副作用，不致言多必失、狀態欠佳。

## 會議中的行動清單

1. 早到十分鐘，獲得現場掌控感。

到場之後，默念「我是主人」。假設這場活動是你組織的，這個場子是你拉起來的。你喜迎天下來賓，就像踢足球一樣，你是踢主場。這樣的心理狀態一旦就位，你的氣場馬上強大數倍，從被動變為主動，說話的底氣就不一樣了。你會自然地問出這樣的問題：「你對今天的活動感覺怎樣？」「你喜歡播放的這個音樂嗎？」「食物還合口味嗎？」「你是住在離這裡最近的那家飯店嗎？」

早到場對於「主人」來講很重要。不要每次去參加會議、活動，都把時間掐得那麼準。你早到十分鐘，可以和其他早到的人，或者和真正的「主人」抓緊時間微交談。你越講究速度和效率，就越要重視活動開始前十分鐘的微交談。你會發現，這種微交談往往會讓你獲得重要資訊，和現場這個空間建立起看不見的情感紐帶，你在這裡交流或辦事的效率其實會更高。

比如，在上培訓課之前，我一般會早到場，為的就是先暖暖場，用微交談和學員們建立非正式關係，畢竟大家要相處兩個整天。我發現，課前的暖場，哪怕只有一兩分鐘，都會改變課堂這個空間裡的氣場，讓這裡面的「氣」更溫暖，更有生機。我和學員們似乎有了關係的延展，而不僅僅局限於老師和學員。

2. 以圈內人的衣著和氣質融入會場。

不要隨意穿搭，除非你有巨大的價值把別人吸引過來。而此刻，你是被這個圈子吸引的，你想融入這個圈子，所以你應該用圈內人的著裝表達對這個圈子的認同。

3. 開啟你的觀察力，找出誰是核心人物。

有一部英國的電視劇名叫《新世紀福爾摩斯》。劇中，男主角福爾摩斯第一次見到華生就判斷出：華生是一名受過傷的軍醫，他是來看物理治療師的，而且華生的跛足是因為身心失調。福爾摩斯是我們學習的榜樣。

你通過觀察細節來鍛鍊高超的觀察力和判斷力，以此找到那個全場最重要的人。他來頭比你大、氣場比你強、地位比你高、經驗也遠比你豐富，他是明星。你上去和他交談，他的光會照亮你。

那位男士舒展開的、放鬆的站姿，他手腕上不經意露出的一只價值不菲的名錶，那位女士精緻的髮型，得體的微笑，都在傳遞出他們的威望和身分。你還可以觀察，當某某到場時很多人都會迎上去，那麼說不定他就是一位重要人物。你也可以直接問會議的組織者或志工：「這裡有誰你覺得我應該去結識一下？」如果一個人的名字被數人提起，那麼他應該就是核心人物。有時候，讓你不虛此行的原因是，你和大人物交談了幾句。

4. 讓自己被看到和聽到。

開啟性格切換的開關。不管你是把自己定義為內向還是外向，所有人都有變得活躍生動起來的潛力。在外社交半小時，在家充電三小時。所以，任何人在充好電之後，都可以絢麗半小時，都可以讓自己活出最活潑、最大膽的半小時。

牢記使命，主動搭話。在茶歇的時候，你應該哪裡熱鬧往哪裡站，比如站在咖啡機和食物旁，或者簽到處，或門廊人們等待的地方。不管你是不是一個內向的人，這幾十分鐘請一定釋放出你外向的那一面，秀出你最膽大狂野的一面。你可以默念：「我來愉悅你，拯救你。」

首先，微交談會讓對方愉悅。智慧型手機讓人和人的實際距離越來越遠，也讓人的關注力越來越分散。而人類的本性是，每個人多少都有點自命不凡，每個人都期待自己被關注。當他被你當面恭維時，他自然會產生分享的愉悅。

其次，微交談甚至會拯救他。在一個商務場合，你肯定不希望自己一個人傻站在那裡，只能和手機互動。每個人都渴望在人群中被他人選中，都渴望與陌生人進行微交談。當你被人看到、被人聽到時，自己的資訊、價值、影響力，就能在與會議眾人的連結中呈指數級增長。

5. 不要現場兜售你的業務，而要切換成為他人解決問題的姿態。

你只需要讓別人瞭解你的特長，你能解決何種問題即可，千萬不要做現場銷售。你的專注力永遠在為他人增加價值上。你的目標就是告訴面前這個人，你的價值何在。

你們的微交談應該圍繞四個關鍵點：我可以怎樣幫你；你對我有什麼建議；我覺得你還可以和某某談一談；你覺得我還可以和誰談一談。

## 會議後的行動清單

1. 製作聯絡人背景資訊卡。會議後一定要盡量回憶，並根據現場所記錄的資訊，把當天交談過的人的背景資訊製作成卡片，供日後需要時使用。卡片的製作方法，我在前面章節裡有敘述。

2. 二十四小時內，與想結識的那幾個人再次聯繫。也就是說，當你們的微交談還有餘溫的時候，再次聯繫。郵件、線上通訊軟體、LinkedIn邀請，都可以。

我提供一個再次聯繫的郵件模板：首先，感謝他和你交談，邀請他和你保持聯繫。其次，提供一些對他有價值的東西。它們可以是某條鏈結、某個他可以聯繫的人、某條訊息。然後，再次給出自己完整的聯繫方式，比如手機號碼、LINE帳號等。最後，發出再次見面的邀請。比如，你可以發出這樣一封郵件：

很高興在昨天的活動中認識了您，您關於各地文化活動開幕式的專業點評，讓我印象深刻。我記得您提到貴公司馬上要承辦本市文化節的開幕式，主題是讓文化和科技互動。我今天正好看到一則新聞，西安一三七四架無人機在國際文化節做的光影盛宴，用這個代替焰火很壯觀，也很環保。這裡是鏈結：（省略）。

我有朋友在大疆。如果您有興趣找贊助商，我可以幫忙牽線。

南京路上有一家星巴克，離你我上班的地方都不遠，我經常在那裡和朋友見面。有空時，請您喝杯咖啡吧。我下週三四五都有時間，您看是否方便？

我的電話是……

期待和您有更多交流。

在這封郵件裡，我表達了對他的濃厚興趣，提供了別人提供不了的資訊。我樂意貢獻我的價值，並期待和他見面。

如果你覺得還沒有準備好和他馬上見面，發一條簡短的訊息也挺好的。

你如果能按照這三份清單去參加每一次會議，就一定會收穫滿滿。

退一萬步講，你如果實在恐懼參加這種純商務的社交場合，覺得自己打不開話局，就可以申請當志工，在服務大家的同時，你找機會和其他人攀談；並且作為工作人員，你知道誰是重要人物。我很少看見會議廳裡的工作人員主動和嘉賓攀談，哪怕那些服務人員站在那裡無所事事。其實他們錯過了很好的機會。面對服務自己的人，人們普遍有反饋義務，而且沒有戒心。

我經常把人頭攢動的會議看作命運之河，你有膽量在河裡戲水，河流就有可能承載著你漂向一個意料之外的機遇。

# 19 在多人談話中綻放

你想像自己在客廳裡和老朋友聊天，然後把這種感覺帶到在眾人面前說話，你自然就會放鬆、感到舒適。

——理查德・布蘭森　英國維珍集團創始人

有些人在一對一地和陌生人聊天時還能放得開，但是在多人話局的場合，卻總插不上話。如果你也有這樣的困惑，那麼我建議你認真閱讀以下內容。

一對一的聊天方式是在一個只屬於你們兩個人的空間內進行交流，對方有回應你的責任。如果多人在一起聊天，你要同時接受來自多個人的資訊，而且在場的那些人也沒有回應你的義務。這個聊天空間不是封閉的，你容易失去掌控感，也不容易確定自己即將說的話會不會與他們合拍，或者會不會受到他們的關注，或者自己會不會顯得足夠聰明。

這時，你需要更多的勇氣，更重要的是，你還需要學習一些技巧。這些技巧將幫助你掌控「一對多」交談中經常遇到的三種局面：當你想創造新話題時；當你想加入某話題的討論時；當你想主導這次討論時。

## 創造新話題

首先，找出關鍵人物。

當你想創造一個新話題的時候，最怕的是沒人接招。你要避免「責任擴散」現象的發生。多人話局的責任擴散，指的是在場的人很多時，做出回應的責任就會被無形地擴散到這些人身上，造成人越多擴散範圍越大，個人回應你的責任就越小的現象。

所以，你要發言時，風險最低的方式就是，選擇這個話局裡的某一位來聊。

你應該選擇誰？找出關鍵人物。這個關鍵人物可以是組局的人，或者是這個話局裡的活躍分子，或者是最有影響力的那位，或者是那個最伶牙俐齒、最愛講笑話的人，或者是那個和你最熟的人。

其次，將新聞熱點與他的專業結合，誠心地請教對方。

接下來，你要和這個關鍵人物聊什麼？你想想最近有什麼新聞熱點，然後，將這個熱點和他的知識背景聯繫起來，誠心地請教他的看法。

比如，二〇一八年年初，有一則〈流感下的北京中年〉的文章被大家紛紛轉載。你可以面對在場的某醫療領域的朋友，拋出這樣的話題：「〈流感下的北京中年〉這篇文章，真是讓人唏噓，沒想到流感這樣兇殘。請教您一下，流感和普通感冒到底怎麼區別？」

如果現場有保險行業的人士，這個話題就拋得更自然了，你可以說：「如果他們事先買了保險，哪些種類的保險在這個事件中是可以賠付的？」

如果現場有自媒體人士，你可以這樣拋出話題：「這篇文章刷爆朋友圈，請教一下，你們的自媒體在營銷中，會怎樣連結這個熱點話題？」

你不僅用新聞熱點把在場的每個人的關注力都吸引了過來；並且，你用請教的語氣有針對性地問一位關鍵人物，他感覺被尊重了，就一定會給出回答，而且他會認真地回答。

## 融入交談

當大家已經在熱火朝天地討論某話題時，你怎樣插話進去？不用緊張，我告訴你四種方法。

第一種，我有見解。

這是你的首要選擇，也是你自己最重要的聲音。注意，你表達自己看法的時機是，在出現討論的空隙時，也就是說，你不能打斷別人的發言，不要給別人一種咄咄逼人的印象。

另外，你也不要怕自己的觀點不成熟，這不是公司裡正式的會議，放鬆一些。還記得我在前面所講的嗎？社交聊天，就是一場資訊大交融、樂趣大衝撞的盛宴。你需要從心裡認可自己的價值。如果在那個話局裡，你覺得其他人的水準確實都比自己高，你有些自慚形穢，那麼此時你更要為自己打氣，「別怯場，我有我的獨特視角，我的見解有供大家參考的價值」。你可以用以下的話語給自己造勢：

我來說說我的看法，如果有不對的，請各位老師不吝賜教。

我是新人，剛剛接觸金融領域，對這件事，我還沒有想出終極解決方案，但是我有兩點建議很想說一說。

或者，你也可以為自己的見解增加三種砝碼：直接經驗砝碼、學術砝碼、團隊砝碼。

第一，直接經驗砝碼——你的見解來自你的直接經驗。

有一次，我參加有關人力資源的活動，他們討論如何將內訓線上化。我說：「將內訓搬到線上，對中層可以，但對高階主管和基層員工卻無法發揮很好的效果。對高階主管人士的培訓更多的是他們彼此間的啟發和交流；基層員工沒有足夠的自覺性來參與線上培訓。」我的這一番話一下子把他們的注意力全都吸引過來了。然後，我將自己的理解詳細地做了闡述。後來，活動的組織者專門找我要了聯繫方式，第二週還和我約談了一次。

這就是獨特的直接經驗，這是一個很有重量的砝碼。

第二，學術砝碼——你的見解來自學術專業研究，很有權威性。

舉個例子，你可以這麼說：

我前幾天剛剛讀了關於這個話題的最新研究，位於新加坡的英士國際商學院教授艾琳．梅耶還在《哈佛商業評論》發表了一篇文章，說日本企業、德國企業等雖然等級森嚴，但在做決策的時候，並不是搞一言堂，反而很注重共識。

第三，你還可以為你的見解增加團隊砝碼。

舉個例子，你可以說：

在我的IT行業客戶群裡，一半以上的人都認為，專業技能的重要性勝過軟技能。

一個特定人群中大多數人的意見，也很有參考價值。

第二種，我有疑惑。

如果你實在無法說出任何見解，那麼怎麼辦？你也不用著急，還有第二種聲音可以表達：我有疑惑。切忌不懂裝懂，而要不懂就問。表達疑惑的時機是，當時當刻就問。為了讓大家注意到你的問題，你可以在肢體語言上給出提示。比如，微微舉一下手，或伸出食指，或將身體往旁邊一側。

你問問題的語速要稍快，音調略提高一點，但注意不是吼叫。不要怕你的問題不夠成熟，問題往往能挖掘出更多細節，或糾正某些有偏差的觀點。有時，也許你還問出了大家其實都想問的問題。有以下三個版本的問題供你參考使用。

**閃電版：**

你可以這麼說：「不好意思，我有個簡短的問題。」或者：「抱歉打斷一分鐘，就一分鐘，我很好奇，請問……」

**謙遜版：**

你可以這麼問：「張總，這方面您是專家，千萬別笑話我的這個問題。請問……」

**靈感版：**

你還可以這樣問：「你剛剛的故事，讓我突然想到這樣一種可能。如果……請問……」

其實提問題就這麼簡單，閃電版、謙遜版、靈感版的問題，是幫你刷存在感最簡單的方式。我在美國讀書的第一個學期，在課堂上也覺得很難插話，我就是靠問問題倖存下來的。

第三種，我贊同，並做補充。

當你聽到和自己一致的觀點時，請立刻表示贊同，如果還能順勢補充一些細節、例子、故事、數字，甚至相關話題，那麼你真的就是一位聊天高手了。

當有人說鼎泰豐的小籠包好吃時，你立刻舉雙手贊同：「我也超級喜歡。」然後，如果你有關於包子或麵食那一類的「吃、吃、吃」的故事，此時它們正好可以派上用場了。或者，你也可以補充一些細節：「鼎泰豐的包子皮薄餡多，而且不油膩。」你還可以補充一個例子：「像我媽媽這種不吃肉的，去了鼎泰豐，都要點一籠小籠包。」你還可以補充相關話題：「他們的菜肉蒸餃也很美味」、「鼎泰豐的炒飯真是粒粒分明」、「上海豫園的小籠湯包也值得一試」。

第四種，我沒有觀點，但會歸納總結。

當對所談的事情你實在沒有自己的觀點，也不知道持什麼立場，也沒什麼問題可問的時候，你還是可以發聲的——你可以進行分析性推進，說一說某觀點的可行條件，以及可能會遇到的困難等。

作為一個中立的陌生人，你誠實地反饋、全身心地傾聽、感同身受地理解和支持，也是你存在的價值。

最常見的分析性推進，是對大家剛剛的討論做一個歸納總結。你可以說：「我剛剛在認真地聽大家的討論，這裡好像有三個不同的觀點：第一種認為……第二種觀點覺得……第三種看法是……」

其實，很多職場新人在最初參加團隊會議時，就是這麼刷存在感的。不要小看這種歸納總結的聲音，它同時體現了你的聆聽能力、提煉資訊的能力，以及組織語言的能力。

## 主導交談

當你在一個多人談話上逐漸放鬆下來，獲得了更多自信和關注以後，你可以嘗試主導這次交談。這是對自己的一次挑戰，不要放過這個鍛鍊自己的機會。

主導交談最有用的技巧是製造矛盾，挑動正反方製造出不同意見相互碰撞的局面。這也是我們培訓師常用的主導課堂的技巧。當值得討論的觀點出現時，我會先問有沒有反對方，再問有沒有贊同方。注意一下順序，不是先問有沒有贊同方，而是先問有沒有反對方。

為什麼？人一般在公眾場合發言時，喜歡說一些讓別人覺得有新意的話，說一些出其不意的話，而這些話通常來自反對傳統觀點的一方。先問有沒有反方，更能激起大家發言的欲望。

反方發表完看法後，我會問：「難道真的就沒有贊同的人了嗎？」這時，一定也會有人跳出來，支持原觀點。

這就是你在聊天中製造矛盾、利用矛盾，讓這個話局上的各路神仙都有機會施展他們的機敏和幽默。在追逐真理的道路上，大家享受到了交談的高級樂趣。

你在學完這三個方法後，有沒有意識到，要在多人話局中綻放，我們不一定需要豐富的談話資料，但我們需要不怯的底氣、不評判的態度、隨機應變的機智、顯露真性情的勇氣。還有什麼比多人談話更好的方式能滋養我們的獨立人格、自由心性呢？

有人曾說過，一對一交談像打網球，是發球和接球的配合。一群人交談，是配合的藝術，像即興的群舞。大家聚攏在舞臺上，即興隨著音樂起舞，大家都不知道會跳成什麼樣的舞步，但大夥兒互相支持、互相彌補，每個人都有機會表現一下自己，共同奉獻出一臺精采的演出。

# 後記

從主觀理解到客觀實踐的過程中，有一道深深的溝，主觀世界裡有那些絕對的原則，客觀世界裡只有剛剛好的行動。

——查理．芒格

本書寫到這裡，如果我問你「什麼是微交談力」，那麼你會怎樣定義？

我想這樣來總結：微交談力，就是在計畫和即興的表演中，通過高頻寬的資訊交換和情感交流，搭配雙方的價值，激發出集體智慧。

我們按照逐個要素來看。

計畫和即興的表演：我們在第二篇的結束語中，對比有詳細表述。表演是一項用身體來表現的藝術形式。這場表演的關鍵是要有目標角色，並且在計畫和即興之間保持平衡。

資訊交換：在一次微交談中，我們和對方交換資訊。不是網路大數據式的資訊交換，而是交換零散的、隨機的、意外的資訊。你在這個過程中迅速洞察、捕捉到它們某種隱秘、內在的聯繫，以此為基礎，繼續交換具有更緊密聯繫的資訊。這是一種基於直覺，迅速迭代的人類立體思維能力，電腦暫時無能為力。所以，人類的交談力是一種非線性思維的藝術。之所以說這種資訊傳遞是「高頻寬」的，不僅僅指數據龐大，更是指人們需要敏銳地找出哪些資訊最重要、最相關，並且需要根據這些資訊對眼前的這個人進行深層描述。

情感交流：談話雙方表面上是交換資訊，實質上是在進行或深或淺的情感交流。交談完後，雙方往往記得住的是當時的情緒。你要能捕捉到對方的表情訊息和其他非言語線索，並且意識到，自己的一點改變，就能推進情感的濃度，比如，身體靠近、眼神專注、會意地微笑，以及一時表現出來的憨厚。微交談力強的人善於識別情緒線索，善於利用情緒線索。

搭配價值：為什麼我們要和人做資訊交換和情感交流？為了搭配雙方的價值。所以我們不能把社交簡單地理解為階層的向上流動。我們在一次短兵相接的交談中，選擇呈現最能吸引對方的那個價值，同時讓對方表現出最吸引你的價值。人們因為三種最基本的價值而尋求合作，即那個著名的價值三腳架：健康、財富、智慧。財富不僅指金錢，還指時間、關係等很多方面的富足。而真正有影響力的人，在社交中會淡化對純粹金錢財富的展示，以便突顯自己在文化資本、道德真誠方面的優越性。鍛鍊微交談力，不是讓你去和天下所有人交談，而是找到在那個階段那些最匹配的朋友，並吸引那些最合適的朋友，讓你們建立聯繫。

激發集體智慧：這是社交的終極目標。在ＶＵＣＡ時代，我們遇到的問題越來越難、越來越不確定。我們每個人也有著越來越高的自我導向和成就導向。於是，我們最需要做的是向外界發起一次次合作，快速吸引、聚合他人，將不同角色納入一種柔性共同體，用集合智慧完成任務，每個人的事業在這個共同體中成就。任務完成後，共同體自動解散。這是一種動態的價值合作模式。用陳春花教授的話來說：「這是一個英雄輩出的時代」，更是一個吸引夥伴、集合智慧的時代。

在本書裡，我教了你怎樣用協同對話結識陌生人；怎樣協同情感，為他營造安全網；怎樣協同邏輯，與他展開實質性交談；怎樣協同信譽，交換雙方的價值。你學會了要在初次見面時傳遞出自己的價值，要在多人談話中取得發言權，說話要幽默，展露魅力時要使用魅力公式等等。這一切都是主觀世界裡的認識，你都一一掌握了。

然而到了現場，這些原則可能會同時失去效用。在那時那刻，你該表現得更「放」，還是更「收」？你該不該說那句話，那句話該說得輕描淡寫，還是濃墨重彩？那時那刻你到底該用哪條原則？這是客觀世界裡的實踐。查理・芒格向我們提出的挑戰是，要從兩個互相矛盾的原則中，「找到那個剛剛好的動態平衡點」。

在這個理論指導下，我理解的社交教育，就是幫助大家在腦子裡形成各種有效的社交原則；同時我們相信，有多少人就有多少種不同的建立連結的方式。正因為沒有統一的方式，我們不用害怕，抓住一切機會去實踐就好。在實踐過程中，要記得收集那些主觀世界和客觀實踐的不一致，並嘗試找出那時那刻的平衡點；每一次實踐後，將你收集的那些不一致繼續輸入自己的認知世界，讓舊原則與新實踐經驗融合，讓主觀世界更完整。這就是社交力的真正提升。

在實踐過程中，你還會發現，哪怕你準備得再充分，與陌生人的微交談都是隨機的。所以，這個世界上沒有完美的交談。請接受和寬恕它的不完美，就像你接受和寬恕生命的不完美一樣，唯其如此，你才能達到真正的圓滿。

最後，在本書快要結束的時候，我想強調兩點。

第一點，我崇尚線下社交，隨著互聯網的發展，我仍會越來越崇尚線下社交。心理學家發現，顯示情感紐帶的「關係線索」，指的是自發的、無意識的行為——大笑、點頭、比手勢，而這些線索是在線下實現的。交往時，彼此距離越遠，從中獲得的快樂就越少。發短訊是最弱的一種保持情感聯繫的交流方式。我贊成馬歇爾—麥克盧漢說的「傳播手段就是傳播內容」。傳播資訊的形式深深地根植在資訊內容當中，最終這個傳播手段會影響人們如何看待這個資訊。不能把網上的社交當作社交的全部。在真實的屋簷下，和真實的他面對面地確認眼神，交換真實的插科打諢，傳遞真實的活力和能量，這是一件很美妙的事。

不管你遇到了什麼問題，總會有解決方案；而一切解決方案都與人有關，一切重要的資源都與人有關。這個人，不是網路上那個沒有見過面的人，而是真實的人。與人建立連接，就是人生的全部。社交能力會讓你的人生更豐富多彩。

第二點，我崇尚先海綿式社交，再淘金式社交。海綿式社交就是廣撒網，認識足夠多的人。用本書的方法，你會觸碰到一個巨大的、真實的，並且無限擴展的人脈網。但你的時間不是無限的，社交圈不是看數量，而是看結構，以及緊密度。無限擴展人脈圈是手段，而不是結果。最終的結果是，我們要用淘金式社交，即篩選或打造出那個一百五十人的黃金人脈圈。

所以，我也有計畫再寫一本書，教你怎樣鑑別出那些可以終生結交的朋友，並和他們深度連接。

祝你既有獨自駐足品味生活的快樂，也有放飛自我與人交流的充實。

# 附錄

## 面試中的三類典型問題

針對過去、現在、未來，面試官通常會提以下三類問題。

第一類問題：你遇到過的最大挑戰是什麼？

這是一個問過去的問題。但其實雇主不在乎你的過去，他真正在乎的是你這個人。他考慮的是，你這個人本身的特質是否適合這份工作。

所以，這個問題真正問的不是「最大的挑戰是什麼」，而是問「對過去的你而言，最大的挑戰是什麼」。

你回答的重心，不在於這個挑戰本身有多難，而在於對於當時的你來說，為什麼那麼難。重點不是挑戰這件事情，而是你這個人。

同樣的道理，面試官會問你：「你做出過的最令自己驕傲的成績是什麼？」

這個問題也不是問「最驕傲的成績是什麼」，而是問「對於過去的你而言，最驕傲的成績是什麼」。你回答的重心，不在於這個成績本身多麼輝煌，而在於對於當時的你來說，這個成績相當難得。

你如果能通過這類問題的回答，讓面試官深刻地瞭解你這個人本身的某些特質，那就做對了。

比如，關於挑戰，你可以這樣回答：「在入職上家公司時，為了給大家留下好印象，我是有求必應，直到不堪重負。後來我意識到，慷慨不意味著任何時間滿足任何人的任何需求。於是我設置了給予慷慨的兩個條件：一是，只幫我擅長和我熱愛的事情；二是，只幫有誠意的人。第一個標準讓我能用最短的時間和最快樂的方式完成協助；第二個標準幫我和值得結交的人建立了牢固的情感紐帶。」

在這段陳述裡，你呈現出來的個人特質是「懂得精力管理的熱心人」。

又比如，關於成績，你可以這樣回答：「五年前，我從一名技術人員被突然提拔成為一名管理人員，我原以為管理者是一名協調員，帶領大家造一艘船的時候，管理者來協調資源，包括招攬工人、收集木頭、分配工作、發號施令。後來我發現，在做協調工作之前，有一項更重要的工作，即引導團隊成員嚮往廣闊無垠的大海。於是，我花大力氣說服管理層，同意團隊成員旁聽公司高層的戰略規劃會議，讓他們瞭解自己的職能對組織全域、對未來所產生的作用。當把共同使命與個人成長聯繫起來時，他們自然就找到了那片想要遠航征服的大海。」

在這個故事中，你呈現出來的個人特質是「不僅有想法，而且有具體行動方案來實現你的想法」。

第二類問題：你為什麼申請這個職位？

這是一個問現在的問題。這個問題背後真正要問的是，「我們是你海投的一百家公司中的一家嗎」。

所以你回答的基本思路是，我只鍾情於你。

你可以用三要素膠囊方法來回答，即「我心目中的理想職位是喜歡、能力和收益三個象限的交集，這份工作就在交集的正中間」。

同時，你還可以大膽地問面試官：「不知道貴公司最吸引您的地方是什麼？」

第三類問題：你覺得五年之後，自己會在哪裡？

這是一個絕對值得你高興的問題。因為面試官已經把關注力放在未來了，他的問題已經從問過去、問現在，變成了問未來。一旦他的注意力轉向了未來，勝利就開始在前方招手了。

這個問題背後真正要問的是，「我想知道你是不是一顆隨時會飄走的蒲公英，你會在五年之內另謀出路嗎」。

回答這個問題的基本思路是，不用說得太具體，因為你也沒辦法說具體。職業規劃這個話題，只有在內部提拔、換崗、考核的時候才可能聊得很具體，那個時候你已經很清楚公司發展方向、組織架構和崗位職責。

那你現在應該如何回答？你可以說說自己未來能力的升級，注意，不一定是級別崗位的升級，是能力的升級。畢竟，隨著機構的扁平化，向上攀登的職業階梯越來越短了；而且，在座的還有你未來的主管，你那向上爬的野心不一定受歡迎。

比如，你可以用三要素膠囊的方法聊：「五年之後，我對人、對事、對自己，都是有期望的。對人，我希望自己能更寬容他人，更善於協同不同的力量；對事，我希望自己成為公司不可或缺的那百分之二十的員工；對自己，我希望仍然在從事自己喜歡做的事情，過自己能作主的人生。」

你也可以用時鐘計畫的方法聊：「一到兩年後，我做到精通業務，並把上一份工作的經驗融合進這份工作中；三到五年後，我會和公司一起嘗試探索新的市場方向；五年以後，我目前還說不準，但我相信，爬上一座山峰之後，自然會看到山那邊更美的山峰。」

你還可以大膽地問：「不知道有沒有機會和咱們部門的同事們也聊一聊？他們的成長路徑一定能幫我對今後的發展目標有更清晰的認識。」

綜上所述，面試官不僅在面試你的認知，更在面試你的態度和人格；你不僅在面試他們提供的這個職位是否適合你，還在面試你們的氣場是否相合。

對於善於抓住機遇的人來說，人生處處都有面試官。他從來不會想「我現在也沒想要找新工作，我現在不缺工作」，而是「我時刻都在尋找更好的機會」。對，沒有最好的機會，只有更好的機會。這個規則也同樣適用於有雄心的公司。他們的主管從來不會說「抱歉，我們現在不缺人」，而是會說「我們隨時都在尋找優秀的人」。尤其是對於發展勢頭猛的初創企業來說，它們真的是每時每刻都在招人。哪怕現在沒有你的職位，只要創業者喜歡你、信任你，也可以為你創造出一個職位。所以，人生處處皆有面試官。

國家圖書館出版品預行編目資料

微交談：告別「聊天終結者」! 只要 3 步驟，一開口就能在 5 分鐘內贏得好感，陌生人也能馬上變朋友!/ 戴愫著. -- 初版. -- 臺北市：平安文化有限公司，2021.03
面； 公分. --（平安叢書；第 676 種）(溝通句典；48)
ISBN 978-957-9314-97-8(平裝)

1. 溝通技巧 2. 說話藝術 3. 人際關係

192.32 110001418

平安叢書第 676 種
**溝通句典｜48**

# 微交談

**告別「聊天終結者」！只要3步驟，一開口就能在5分鐘內贏得好感，陌生人也能馬上變朋友！**



文化部部版臺陸字第 110004 號，許可期限自 110 年 2 月 1 日起至 115 年 2 月 23 日止。

作　　者—戴愫
發 行 人—平雲
出版發行—平安文化有限公司
台北市敦化北路 120 巷 50 號
電話◎ 02-27168888
郵撥帳號◎ 18420815 號
皇冠出版社（香港）有限公司
香港銅鑼灣道 180 號百樂商業中心
19 字樓 1903 室
電話◎ 2529-1778　傳真◎ 2527-0904
總 編 輯—龔橞甄
責任編輯—陳怡蓁
美術設計—嚴昱琳
著作完成日期— 2019 年
初版一刷日期— 2021 年 3 月

法律顧問—王惠光律師

讀者服務傳真專線◎ 02-27150507
電腦編號◎ 342048
ISBN ◎ 978-957-9314-97-8
Printed in Taiwan
本書定價◎新台幣 380 元 / 港幣 127 元